THE GARDENER

باغبان

Celebrating
30 Years of Publishing
in India

THE GARDENER باغبان

Rabindranath Tagore

Translated by

GULZAR

HARPER PERENNIAL

NEW YORK • LONDON • TORONTO • SYDNEY • NEW DELHI

HARPER PERENNIAL

First published in India in 2016 by Harper Perennial
An imprint of HarperCollins *Publishers*

P-ISBN: 978-93-5136-525-9
E-ISBN: 978-93-5177-320-7

2 4 6 8 10 9 7 5 3

Gulzar asserts the moral right
to be identified as the translator of this work.

All the Bengali poems, their English translations and artwork used in the book are
by Rabindranath Tagore

HarperCollins *Publishers*
4th Floor, Tower A, Building No 10, DLF Cyber City,
DLF Phase II, Gurugram, Haryana – 122002
1 London Bridge Street, London, SE1 9GF, United Kingdom
195 Broadway, New York, NY 10007, USA

Typeset in Shonar Bangla 13/17, Shiva 14/17.5 and Arno Pro 12/15, by
Saanvi Graphics Noida

Printed and bound at
Thomson Press (India) Ltd.

Urdu Edition
to
Saba Mahmood Bashir

CONTENTS

FOREWORD

Sanjiv Goenka

Many admiring readers knowing a number of languages spontaneously agree that Rabindranath Tagore is the greatest poet ever born. We in the Goenka family came to Calcutta two decades before the landmark Pochishe Baisakh (Tagore's birth anniversary) and we continue to be associated with the city. My father, the late Dr Rama Prasad Goenka, grew up at Muktaram Babu Street, an area very close to the Jorasanko Tagore family house. When Tagore breathed his last in 1941, my father was already eleven. Those days there was no caste system regarding those who could appreciate great poetry and it was widely accepted that a successful businessman's grandchild could also aspire to be a poet. The world already knew that Prince Dwarkanath Tagore was one of India's greatest businessmen. The lifelong admiration for his great business and literary neighbours made my father an ardent lover of books in English, Bengali and Hindi.

Even before winning the Nobel Prize in literature in 1913, the Bard of Bengal approached the renowned Sister Nivedita to present his work to people overseas who could read English. That early effort having failed, Tagore made full use of a diary presented to him on the eve of his journey to London by ship, translating some of his greatest writings into English.

But even ardent admirers of the poet do not accept him as a great translator. The world deserves a better translation of his works in English and indeed in other languages. The general consensus is that Tagore is yet to be translated well even though he holds the unique distinction of being the only poet in the world to have written two national anthems for two nations which account for a quarter of the world's population.

It is in the fitness of things that some outstanding creative talents are now finding time to translate Tagore for a new generation. This translation in Hindi is one such. Born well before Baishe Shravan (Tagore's death anniversary), my father would have been elated to see such a brilliant translation. It is a fitting tribute to Tagore. It is an honour for me to be associated with this venture also because my father was equally proud of his beloved music company Saregama India, once known as HMV, which has played a historic role in making Rabindra Sangeet available to people across the world for over a century.

This translation by Gulzar is a tremendous achievement. My heartiest congratulations for this effort. I am sure it will help readers understand and appreciate Tagore's message to the people of the world.

TRANSLATOR'S NOTE

I was in school. The family arrangement was such that I had to go to the storeroom of the shop and sleep there in the night. With no electricity, I had a chimney lamp for light. To pass the time, I would borrow books – cheap thrillers and detective stories – from a library close by. A refugee from Pakistan had set up the Khokha library. The librarian and owner of the shop used to lend books for four annas per week, irrespective of the number of books one could read. I would finish a book every night and go for another the next day. The shopkeeper got fed up of me, saying, 'How many for four annas in a week?' He turned to another shelf and handed over a book to me. 'Take this, go!'

That was an Urdu translation of Tagore's poems from *The Gardener*. The first poem was called 'Mali', I still remember.

That book hit me – I loved it. It changed my entire course of reading and selection of books. I kept it with me on one pretext or the other, till the librarian forgot about it.

That was the first book I stole.

Seventy years later I have sat down to translate it from the original Bangla as *Baaghbaan*!

Sanchari Mookherjee – I found her like a bookmark in Tagore's poetry book. I stopped there and started reading further. She kept turning the pages for me and looked into the minutest difference from the original Bengali poems in my Hindustani translations. The translations kept travelling to and fro between Kolkata and Mumbai for more than two years. Her patience with me (and Tagore) was remarkable. I will ever remain grateful to her. I wish to dedicate this book to her.

I must explain why there are three versions of the poems. I had read the poems in English once, but when I read the Bengali originals, a desire lingered on in my heart to introduce them to all Indians of other languages. Tagore had mercilessly edited and changed them to suit the West of his time while translating them himself. As he was the author, nobody could question his discretion. The creativity of Tagore produced a twin poem along with the original. Some of them are worth going through.

Thanks to you, Shantanu (Shantanu Moitra), for introducing Sanchari to me.

And Shantanu (Shantanu Ray Chaudhuri) and Minakshi Thakur, my good editors, who accommodate me so much.

INTRODUCTION

I don't think I shall ever be able to express how I felt as I entered 'Boskyana'. My words just can't match my feeling. 'Boskyana' is the name of Gulzar Saab's house in Pali Hill, Mumbai. I went there in 2010. I spent a couple of hours with him. Those two hours felt like a moment.

I had gone to meet Gulzar Saab for an interview. I knew he was translating some of Rabindranath Tagore's poems. He had selected them mostly from *The Gardener* and *The Crescent Moon*, two collections of Tagore's own translations of his verses. A couple of months before I met him, Gulzar Saab had requested me to send copies of the two English books. So, at 'Boskyana', we spoke mostly about this project. Or rather, I listened to him as he spoke in his inimitable way about his reading of Tagore. He told me how he had been reading the poet, first in Urdu and then in English translations since he was in the eighth standard, and how in this process Tagore had gone deep into his psyche. And in those two hours, I came to discover not one unusual individual but two. Gulzar and Rabindranath.

The Gardener comprises English versions of poems from some of Tagore's famous collections of verses like *Chitra, Kshanika, Sonar Tari* and a few others. *The Crescent Moon* is based mostly on *Shishu,* a book of poems on the world of the child, though not all of them can really be called poems for children. Both English books have verses from other Bengali collections as well. And Tagore did not do exact translations of many of his poems, to the extent that many of the English versions deviate quite substantially from the original.

Gulzar Saab wanted to check all the original poems. And that gave me the priceless opportunity to get involved in this great project. Since I am from Kolkata, he asked me if I could get him copies of some of the original poems. The epitome of civility that he is, he requested me not to take the trouble if this was going to put me into any inconvenience.

Trouble? Inconvenience? I only wondered how I could be so fortunate to get this chance. I wanted to make the most of it. I could not help appreciate the noble passion with which Gulzar Saab read and interpreted Tagore. Now and then, he asked me if I could send him a couple of the original verses along with, in some cases, free translations in English so that he could get the sense of the poems better. And then, he sent me his translations and asked me to comment on them. I must admit that I felt completely inadequate and incompetent for the task. But then, whenever I told him of my self-doubts, he spoke to me for a couple of minutes or wrote a few lines to me and that had a magical effect on me. I do not know when and how I became not just confident but actually bold enough to comment on the translations. He even made me acquire the audacity to raise questions and suggest changes!

Indeed, this entire process has been one of great learning for me. I have rediscovered Rabindranath, in my own way, through this process. Reading him *with* Gulzar Saab, through his translations, I found new meanings in many of Tagore's lines. Often, the new meaning struck me with a sudden force, making me wonder why I hadn't thought of it before. To me, the most amazing and comforting was the feeling that I could relate many of these lines with my everyday experience. Thus, one terribly sultry evening, after a typical experience of being refused by one of those imperial taxi drivers of Kolkata, as I was fuming and fretting at the roadside, I suddenly remembered the line I had been reading a little while earlier, '*Aamaaro bhaagye aaj ghawte naai kebali phaanki*', meaning in essence that 'even I was not completely deprived of luck today'. The moment I thought of this, I became peaceful and, indeed, amused by the way my mood changed. It was Tagore who saved me from the bitterness, and it was Gulzar Saab who gave Tagore the chance to save me thus. Thus did he help me enjoy and enrich myself. I looked forward eagerly to his 'requests' and as they reached me, sat down to read the poems and write back to him, saying with absolute impudence whatever I thought of his transcreations.

For transcreations they are, indeed, going far beyond the limits of mere translation. The manner in which he captured the essence of Tagore's poems, making subtle departures from the original whenever necessary, but never deviating from the essence, never ceased to amaze me. Of course, it is an extremely difficult job. I think Gulzar Saab could do this with such elan because of two reasons. One, he has an exquisite sensitivity that responds so well to Tagore, particularly in the context of the poems he has chosen. But equally important is his perfectionism. How carefully did he consider each and every word of Tagore, with all its nuance and significance! To translate one poem, he often consulted three others in order to know the poet's mind. On numerous occasions, he created a number of variants and asked me to tell him which was a better option. This pursuit of excellence is the hallmark of greatness. And so it was a great learning for me.

In my overenthusiasm, I have possibly said much more than I should have. I am not ashamed of that, though, simply because Gulzar Saab has taught me to speak my mind. I shall therefore conclude by saying something about myself. The experience of seeing this joint venture of Rabindranath and Gulzar through its entire course has enriched me as a human being. I do not know if my understanding of the original poems and of what Gulzar Saab has transformed them into is correct or not. But that has been *my* understanding and the essence of it has remained within me. For me, this is an invaluable treasure.

Thank you, Gulzar Saab, for calling me in to be a small part of this great relationship between two uniquely sensitive souls.

Sanchari Mookherjee

আবেদন

ভৃত্য। জয় হোক মহারানী। রাজরাজেশ্বরী,
দীন ভৃত্যে করো দয়া।

রানী। সভা ভঙ্গ করি
সকলেই গেল চলি যথাযোগ্য কাজে
আমার সেবকবৃন্দ বিশ্বরাজ্যমাঝে,
মোর আজ্ঞা মোর মান লয়ে শীর্ষদেশে
জয়শঙ্খ সগর্বে বাজায়ে। সভাশেষে
তুমি এলে নিশান্তের শশাঙ্ক-সমান
ভক্ত ভৃত্য মোর। কী প্রার্থনা?

ভৃত্য। মোর স্থান
সর্বশেষে, আমি তব সর্বাধম দাস
মহোত্তমে। একে একে পরিতৃপ্ত-আশ
সবাই আনন্দে যবে ঘরে ফিরে যায়
সেইক্ষণে আমি আসি নির্জন সভায়,
একাকী আসীনা তব চরণতলের
প্রান্তে বসে ভিক্ষা মাগি শুধু সকলের
সর্ব-অবশেষটুকু।

রানী। অবোধ ভিক্ষুক,
অসময়ে কী তোরে মিলিবে।

ভৃত্য। হাসিমুখ
দেখে চলে যাব। আছে দেবী, আরো আছে –
নানা কর্ম নানা পদ নিল তোর কাছে
নানা জনে; এক কর্ম কেহ চাহে নাই,

ভৃত্য-'পরে দয়া করে দেহো মোরে তাই –
আমি তব মালঞ্চের হব মালাকর।

রানী। মালাকর?

ভৃত্য। ক্ষুদ্র মালাকর। অবসর
লব সব কাজে। যুদ্ধ-অস্ত্র ধনুঃশর
ফেলিনু ভূতলে, এ উষ্ণীষ রাজসাজ
রাখিনু চরণে তব – যত উচ্চকাজ
সব ফিরে লও দেবী। তব দূত করি
মোরে আর পাঠায়ো না, তব স্বর্ণতরী
দেশে দেশান্তরে লয়ে। জয়ধ্বজা তব
দিগ্‌দিগন্তে করিয়া প্রচার, নব নব
দিগ্বিজয়ে পাঠায়ো না মোরে। পরপারে
তব রাজ্য কর্মযশধনজনভারে
অসীমবিস্তৃত – কত নগরনগরী,
কত লোকালয়, বন্দরেতে কত তরী,
বিপণিতে কত পণ্য – ওই দেখো দূরে
মন্দিরশিখরে আর কত হর্ম্যচূড়ে
দিগন্তেরে করিছে দংশন, কলোচ্ছ্বাস
শ্বসিয়া উঠিছে শূন্যে করিবারে গ্রাস
নক্ষত্রের নিত্যনীরবতা। বহু ভৃত্য
আছে হোথা, বহু সৈন্য তব; জাগে নিত্য
কতই প্রহরী। এ পারে নির্জন তীরে
একাকী উঠেছে উর্ধ্বে উচ্চ গিরিশিরে
রঞ্জিত মেঘের মাঝে তুষারধবল
তোমার প্রাসাদসৌধ, অনিন্দ্যনির্মল
চন্দ্রকান্তমণিময়। বিজনে বিরলে
হেথা তব দক্ষিণের বাতায়নতলে

মঞ্জরিত-ইন্দুমল্লী-বল্লরীবিতানে,
ঘনচ্ছায়ে, নিভৃত কপোতকলগানে
একান্তে কাটিবে বেলা; স্ফটিকপ্রাঙ্গণে
জলযন্ত্রে উৎসধারা কল্লোলক্রন্দনে
উচ্ছ্বসিবে দীর্ঘদিন ছলছলছল –
মধ্যাহ্নেরে করি দিবে বেদনাবিহ্বল
করুণাকাতর। অদূরে অলিন্দ-'পরে
পুঞ্জ পুচ্ছ বিস্ফারিয়া স্ফীত গর্বভরে
নাচিবে ভবনশিখী, রাজহংসদল
চরিবে শৈবালবনে করি কোলাহল
বাঁকায়ে ধবল গ্রীবা, পাটলা হরিণী
ফিরিবে শ্যামল ছায়ে। অয়ি একাকিনী,
আমি তব মালঞ্চের হব মালাকর।

রানী। ওরে তুই কর্মভীরু অলস কিংকর,
কী কাজে লাগিবি?

ভৃত্য। অকাজের কাজ যত,
আলস্যের সহস্র সঞ্চয়। শত শত
আনন্দের আয়োজন। যে অরণ্যপথে
কর তুমি সঞ্চরণ বসন্তে শরতে
প্রত্যুষে অরুণোদয়ে, শ্লথ অঙ্গ হতে
তপ্ত নিদ্রালসখানি স্নিগ্ধ বায়ুস্রোতে
করি দিয়া বিসর্জন, সে বনবীথিকা
রাখিব নবীন করি। পুষ্পাক্ষরে লিখা
তব চরণের স্তুতি প্রত্যহ উষায়
বিকশি উঠিবে তব পরশতৃষায়
পুলকিত তৃণপুঞ্জতলে। সন্ধ্যাকালে
যে মঞ্জু মালিকাখানি জড়াইবে ভালে

কবরী বেষ্টন করি, আমি নিজ করে
রচি সে বিচিত্র মালা সান্ধ্য যূথীস্তরে,
সাজায়ে সুবর্ণ-পাত্রে তোমার সম্মুখে
নিঃশব্দে ধরিব আসি অবনতমুখে –
যেথায় নিভৃত কক্ষে ঘন কেশপাশ
তিমিরনির্ঝরসম উন্মুক্ত-উচ্ছ্বাস
তরঙ্গকুটিল এলাইয়া পৃষ্ঠ-'পরে,
কনকমুকুর অঙ্কে, শুভ্রপদ্মকরে
বিনাইবে বেণী। কুমুদসরসীকূলে
বসিবে যখন সপ্তপর্ণতরুমূলে
মালতী-দোলায় – পত্রচ্ছেদ-অবকাশে
পড়িবে ললাটে চক্ষে বক্ষে বেশবাসে
কৌতূহলী চন্দ্রমার সহস্র চুম্বন,
আনন্দিত তনুখানি করিয়া বেষ্টন
উঠিবে বনের গন্ধ বাসনা-বিভোল
নিশ্বাসের প্রায়, মৃদু ছন্দে দিব দোল
মৃদুমন্দ সমীরের মতো। অনিমেষে
যে প্রদীপ জ্বলে তব শয্যাশিরোদেশে
সারা সুপ্তনিশি, সুরনরস্বপ্নাতীত
নিদ্রিত শ্রীঅঙ্গপানে স্থির অকম্পিত
নিদ্রাহীন আঁখি মেলি – সে প্রদীপখানি
আমি জ্বালাইয়া দিব গন্ধতৈল আনি।
শেফালির বৃন্ত দিয়া রাঙাইব, রানী,
বসন বাসন্তী রঙে। পাদপীঠখানি
নব ভাবে নব রূপে শুভ-আলিম্পনে
প্রত্যহ রাখিব অঙ্কি কুঙ্কুমে চন্দনে
কল্পনার লেখা। নিকুঞ্জের অনুচর,
আমি তব মালঞ্চের হব মালাকর।

রানী। কী লইবে পুরস্কার?

ভৃত্য। প্রত্যহ প্রভাতে
ফুলের কঙ্কণ গড়ি কমলের পাতে
আনিব যখন, পদ্মের কলিকাসম
ক্ষুদ্র তব মুষ্টিখানি করে ধরি মম
আপনি পরায়ে দিব, এই পুরস্কার।
অশোকের কিশলয়ে গাঁথি দিব হার
প্রতি সন্ধ্যাবেলা, অশোকের রক্তকান্তে
চিত্রি পদতল চরণ-অঙ্গুলিপ্রান্তে
লেশমাত্র রেণু চুম্বিয়া মুছিয়া লব,
এই পুরস্কার।

রানী। ভৃত্য, আবেদন তব
করিনু গ্রহণ। আছে মোর বহু মন্ত্রী,
বহু সৈন্য, বহু সেনাপতি – বহু যন্ত্রী
কর্মযন্ত্রে রত – তুই থাক্ চিরদিন
স্বেচ্ছাবন্দী দাস, খ্যাতিহীন, কর্মহীন।
রাজসভা-বহিঃপ্রান্তে রবে তোর ঘর –
তুই মোর মালঞ্চের হবি মালাকর।

باغباں

خادم : مہارانی کی جے ہو!
رحم کھاؤ مہارانی ،مَیں خادم ہوں !''

ملکہ: مِرا دربار برخواست ہو چُکا ہے،
مِرے درباری سارے جاچکے ہیں
جہاں بھر کے مقاموں پر، مرا آدیش لے کر
مری شہرت، مرا ڈنکا بجانے!
تم اب آئے ہو؟ خادم، آخرِ شب کے اُترتے چاند کی مانند!

6

خادم : مِری باری ہی آخر میں ہے جب سب کچھ نپٹ جائے
مہان ہیں آپ تو، اور مَیں بہت ناچیز خادم ہوں
سبھی اپنی تمنّا پوری کر کے جب چلے جائیں،
تبھی ہوتا ہوں حاضر!
اکیلی بیٹھی ہوں دربار میں جب آپ!
سب اپنا حصّہ لے کر جاچکے ہوتے ہیں، جب مَیں آپ کے
قدموں میں آکر مانگ لیتا ہوں انعام اپنا!

ملکہ: تمہیں بے وقت آنے پر بھلا اب کیا ملے گا؟

خادم : مَیں بس دیدار کرلوں گا، چلا جاؤں گا، ملکہ!

مگر کچھ اور بھی ہے،
جو بچ گیا ہے!
بہت درباریوں نے مانگ کر عہدے لئے ہیں
کسی نے اک جگہ مانگی نہیں، وہ مہرباں ہو کر مجھے دے دیں
مجھے گر باغ ہی کا باغباں رکھ لیں!

ملکہ: باغباں؟
خادم: جی ہاں بس، باغباں اپنا!
مَیں باقی کام سارے چھوڑ دُوں گا
مَیں اپنے جنگ کے ہتھیار اور تیر و کماں، شاہی لباس،
دستار سر کی، آپ کے قدموں میں رکھ دُوں گا
وہ سارے حُکم جو مجھ کو دیئے ہیں، سارے واپس مانگ
لیجے، ملکہ میری!
مجھے مت بھیجیے گا دُور دیشوں میں
سُنہری کشتیوں میں، پھر کوئی سندیسے دے کر
نئی مُہم فتح کرنے کا مجھ کو حُکم مت دیجے
ہماری بادشاہت کے بہت سے شہروں، قصبوں، بندرگاہوں
میں کھڑے ہیں آپ کے سامان سودوں سے
لدے شاہی جہاز____!

ذرا سا دیکھیے، کتنے محل مینار، مندر ہیں اُفق پر!
زمیں کے شور وغُل کو جذب کر کے

اُٹھ رہے ہیں آسماں کے چُپ ستاروں کی
خموشی جذب کرنے
سپاہی اور خادم آپ کے سارے مقاموں پر ہمیشہ جاگتے ہیں
اِدھر دریا کنارے پر،
یہ عالیشاں محل ہے آپ کا تنہا،
سندھوری بادلوں میں سے اُبھرتا ہے
جسے گھیرے ہوئے ہیں اونچی اونچی چوٹیاں پہاڑوں کی
وہیں دَکھِنی کسی کھڑکی کے نیچے
کبوتر کی غُٹرغُوں کھڑکیوں میں سُنتے سُنتے ہی گُزر جائے گا دن
صحن میں کانچ کے فوّاروں سے دوپہر اُداس ہونے لگے گی
پھُلا کر پنکھا اپنے 'مور' ناچیں گے، اُٹھا کر گردنیں گھومیں گے 'سارس'
اور ہرن ٹہلیں گے چھاؤں میں!
مِری ملکہ وہاں مَیں ہی کروں گا باغبانی آپ کے باغوں کی!

ملکہ: بڑے کاہل ہو، سُست اور آلسی، تم کیا کروگے؟
خادم: ہیں جتنے فالتو، وہ کام کرلوں گا،
جتنا بھی آلس ہو، بڑا آنند ہے اُس میں
بڑا سرسبز رکھّوں گا مَیں جنگل کو، خزاؤں اور بہاروں میں
جہاں پہ نیند سے اُٹھ کر صبا میں، صبح وشام آپ
انگ انگ انگڑائی لیں گی
غلیچے گھاس کے، جو آپ کے پیروں کو چھونے کے لئے،
ہر صبح پھولوں سے دُعا دیں گے

مَیں اپنے ہاتھوں سے گجرے بناؤں گا ہمیشہ موگرے کے،
جو گُوندھا کرتی ہیں ہر شام بالوں میں
اُنہیں سونے کی تھالی میں سجا کر، سر جھکائے،
بِن کہے کچھ، پیش کروں گا!
اکیلی ہوں گی اپنی خواب گاہ میں جب،
مہکتے بالوں کی جب چوٹیاں گوندھا کریں گی
لٹیں کالی سیاہ جب پیٹھ پر لہرائیں گی، جیسے اندھیرا رات کا برسے
کنول کی جھیل پر جب ''سپت پرنا'' پیڑ کے نیچے
جو بیلوں سے بنے جھُولے پہ آکر آپ بیٹھیں گی
یونہی شوخی سے بیٹھے پتّے توڑیں گی، تو کِرنیں
چاندنی کی چومیں گی ماتھا، اور آنکھیں
ہزاروں بوسے لیں گی آپ کے سینے کے آنچل پر
سبھی خوشبوئیں جنگل کی، خوشی سے گھیر لیں گی تن بدن کو، آرزوئیں سانس لیں گی
ہوا چلتی ہے جیسے،
بڑے دھیرے، ہلکے سے، میں تب جھولا جھلاؤں گا!
مہکتا تیل بھر دُوں گا سِرہانے کے چراغوں میں، جلا کر
نظر رکھتے ہیں ساری رات وہ جب آپ سوتی ہیں
پلک تک بھی نہیں اُن کی جھپکتی، نیند میں اتنی
حسیں لگتی ہیں ____
کہ انسانوں فرشتوں کے خیال و خواب سے آگے
''شفالی'' پھولوں سے میں آپ کی پوشاک رنگ دُوں گا، بسنتی!!
نئے ڈھنگ سے، نئے رنگوں سے، رنگولی بناؤں گا

جہاں بھی آپ کا پاؤں پڑے گا____!
تو پھر مَیں باغباں ہوں باغ کا ملکہ؟

ملکہ: کہو پھر کیا انعام ہو گا تمہارا؟
خادم: بس اتنا ہی کہ ہر صبح____
کنول کے پتّے پر لاؤں گا جب مَیں پھولوں کے گجرے بنا کر
کنول کی پتّی سے نازُک،
پکڑ کے ہاتھ مَیں پہناؤں گجرا خود کلائی میں،
بس اتنا ہی____
ہمیشہ شام کو مَیں تازہ پتّوں سے اشوک کے ہار بُن کر
اشوک کے تازہ پتّوں ہی سے رنگ دُوں تلوے پیروں کے
اگر کوئی گرد کا ذرّہ بچا ہوا اُنگلیوں پر، چوم کے اُس کو ہٹا دوں گا
وہی میرا انعام ہو گا!

ملکہ: ہمیں منظور ہے خواہش تمہاری
بہت سے سنتری، سینا پتی، سینک ہمارے
اپنے اپنے کاموں میں مصروف رہتے ہیں
مگر تم، اپنی مرضی سے، بنا شہرت، بنا عہدہ، سدا حاضر رہو گے
تمہارا گھر محل کے باہر ہو گا!
ہمارے باغ کے تم باغباں ہو گے!!

REQUEST

SERVANT. Have mercy upon your servant, my queen!

QUEEN. The assembly is over and my servants are all gone. Why do you come at this late hour?

SERVANT. When you have finished with others, that is my time.

I come to ask what remains for your last servant to do.

QUEEN. What can you expect when it is too late?

SERVANT. Make me the gardener of your flower garden.

QUEEN. What folly is this?

SERVANT. I will give up my other work. I will throw my swords and lances down in the dust. Do not send me to distant courts; do not bid me undertake new conquests. But make me the gardener of your flower garden.

QUEEN. What will your duties be?

SERVANT. The service of your idle days.

I will keep fresh the grassy path where you walk in the morning, where your feet will be greeted with praise at every step by the flowers eager for death.

I will swing you in a swing among the branches of the saptaparna, where the early evening moon will struggle to kiss your skirt through the leaves.

I will replenish with scented oil the lamp that burns by your bedside, and decorate your footstool with sandal and saffron paste in wondrous designs.

QUEEN. What will you have for your reward?

SERVANT. To be allowed to hold your little fists like tender lotus-buds and slip flower chains over your wrists; to tinge the soles of your feet with the red juice of ashoka petals and kiss away the speck of dust that may chance to linger there.

QUEEN. Your prayers are granted, my servant, you will be the gardener of my flower garden.

কবির বয়স

ওরে কবি, সন্ধ্যা হয়ে এল,
কেশে তোমার ধরেছে যে পাক।
বসে বসে ঊর্ধ্বপানে চেয়ে
শুনতেছ কি পরকালের ডাক?
কবি কহে, ‘সন্ধ্যা হল বটে,
শুনছি বসে লয়ে শ্রান্ত দেহ,
এ পারে ওই পল্লী হতে যদি
আজো হঠাৎ ডাকে আমায় কেহ।
যদি হোথায় বকুলবনচ্ছায়ে
মিলন ঘটে তরুণ-তরুণীতে,
দুটি আঁখির ’পরে দুইটি আঁখি
মিলিতে চায় দুরন্ত সংগীতে
কে তাহাদের মনের কথা লয়ে
বীণার তারে তুলবে প্রতিধ্বনি,
আমি যদি ভবের কূলে বসে
পরকালের ভালো-মন্দই গনি।

‘সন্ধ্যাতারা উঠে অস্তে গেল,
চিতা নিবে এল নদীর ধারে,
কৃষ্ণপক্ষে হলুদবর্ণ চাঁদ
দেখা দিল বনের একটি পারে,
শৃগালসভা ডাকে ঊর্ধ্বরবে
পোড়ো বাড়ির শূন্য আঙিনাতে
এমন কালে কোনো গৃহত্যাগী
হেথায় যদি জাগতে আসে রাতে,
জোড়-হস্তে ঊর্ধ্বে তুলি মাথা
চেয়ে দেখে সপ্ত ঋষির পানে,

প্রাণের কূলে আঘাত করে ধীরে
সুপ্তিসাগর শব্দবিহীন গানে
ত্রিভুবনের গোপন কথাখানি
কে জাগিয়ে তুলবে তাহার মনে
আমি যদি আমার মুক্তি নিয়ে
যুক্তি করি আপন গৃহকোণে?

'কেশে আমার পাক ধরেছে বটে,
তাহার পানে এত নজর কেন?
পাড়ায় যত ছেলে এবং বুড়ো
সবার আমি একবয়সী জেনো।
ওষ্ঠে কারও সরল সাদা হাসি
কারও হাসি আঁখির কোণে কোণে
কারও অশ্রু উছলে পড়ে যায়
কারও অশ্রু শুকায় মনে মনে,
কেউ বা থাকে ঘরের কোণে দোঁহে
জগৎ-মাঝে কেউ বা হাঁকায় রথ,
কেউ বা মরে একলা ঘরের শোকে
জনারণ্যে কেউ বা হারায় পথ

সবাই মোরে করেন ডাকাডাকি,
কখন শুনি পরকালের ডাক?
সবার আমি সমান-বয়সী যে
চুলে আমার যত ধরুক পাক।'

عاقبت (عُمر شاعر کی)

او شاعر، شام سر پہ آ گئی ہے
تمہارے بال پکنے لگ گئے ہیں
کبھی تنہائی میں جب بیٹھتے ہو
صدا آتی نہیں کیا عاقبت* کی؟

''ہوئی ہے شام'' شاعر نے کہا، ''مَیں سُن رہا ہوں!
اچانک آج بھی کوئی،
مجھے آواز دے لے تو؟
اگر چہ ہو چکی ہے دیر، تو کیا؟
کہیں نو عمر دو جنگل کنارے آج بھی آ کر ملیں،
اور اُن کی دو خاموش آنکھیں،
مانگ ہی لیں مجھ سے کوئی بول تو؟
کہو، تو کون اُن کے مَن کی باتیں، ساز کے تاروں پہ رکھّے گا
اگر بیٹھا کنارے پر بھلا مندہ گِنوں مَیں،
عاقبت سوچوں؟

ستارا شام کا گُم ہو چکا ہے
چِتا بجھنے لگی ہے جو ندی پر جل رہی تھی

☆ عاقبت = پرلوک

پرے جنگل کے پیلا چاند نکلا ہے
سُنائی دے رہا ہے، لومڑی کا بولنا ___
مُسافر کوئی گر اِس رات میں آ کر،
سُنے اندھیروں کی سرگوشیاں تو،
بتاؤ کون اُس کے کانوں میں پھونکے گا آ کر
یہ سارے راز جینے کے ___
اگر مَیں زندگی سے توڑ کر رشتے،
ابھی بند کر لوں دروازے؟

میرے پکنے لگے ہیں بال، پر اُن پر نظر کیوں ہے؟
محلے کے جوانوں اور بزرگوں میں
سبھی کی عُمر کا، ہم عُمر ہوں مَیں!

کسی کے چہرے پر معصوم سادہ سی ہنسی ہے
کوئی ہنستا ہے آنکھوں کی کنکھیوں سے
کہیں آنسو چھلک جاتے ہیں آنکھوں سے،
کوئی آنسو سُکھا دیتا ہے مَن ہی میں!
سبھی اب تک مجھے آواز دیتے ہیں
مجھے فُرصت کہاں مَیں عاقبت سوچوں!
مَیں ہر اک عُمر میں، ہم عُمر ہوں سب کا
اگر پکنے لگے ہیں بال،
میرے بال پکنے دو؟

POET'S AGE

Ah, poet, the evening draws near;
your hair is turning grey.
Do you in your lonely musing hear
the message of the hereafter?
'It is evening,' the poet said, 'and
I am listening because someone may call
from the village, late though it be.
I watch if young straying hearts meet together,
and two pairs of eager eyes beg for music
to break their silence and speak for them.
Who is there to weave their passionate songs,
if I sit on the shore of life
and contemplate death and the beyond?

'The early evening star disappears,
The glow of a funeral pyre
slowly dies by the silent river.
Jackals cry in chorus from the courtyard
of the deserted house
in the light of the worn-out moon.
If some wanderer, leaving home,
come here to watch the night and
with bowed head listen
to the murmur of the darkness,
who is there to whisper the secrets
of life into his ears if I,
shutting my doors,
should try to free myself
from mortal bonds?

'It is a trifle that my hair is turning grey.
I am ever as young or as old as
the youngest and the oldest of this village.
Some have smiles, sweet and simple,
and some a sly twinkle in their eyes,
Some have tears that well up in the daylight,
and others tears that are hidden in the gloom.
They all have need for me,
and I have no time to brood over the afterlife.
I am of an age with each,
what matter if my hair turns grey?'

শুভক্ষণ

ওগো মা, রাজার দুলাল যাবে আজি মোর
ঘরের সমুখপথে,
আজি এ প্রভাতে গৃহকাজ লয়ে
রহিব বলো কী মতে।
বলে দে আমায় কী করিব সাজ,
কী ছাঁদে কবরী বেঁধে লব আজ,
পরিব অঙ্গে কেমন ভঙ্গে
কোন্ বরনের বাস।

মা গো, কী হল তোমার, অবাক নয়নে
মুখপানে কেন চাস?
আমি দাঁড়াব যেথায় বাতায়নকোণে
সে চাবে না সেথা জানি তাহা মনে –
ফেলিতে নিমেষ দেখা হবে শেষ,
যাবে সে সুদূর পুরে,
শুধু সঙ্গের বাঁশি কোন্ মাঠ হতে
বাজিবে ব্যাকুল সুরে?

তবু রাজার দুলাল যাবে আজি মোর
ঘরের সমুখপথে,
শুধু সে নিমেষ লাগি না করিয়া বেশ
রহিব বলো কী মতে।

شُبھ گھڑی

آج ہمارے دروازے سے راجکمار کا رتھ گُزرے گا۔ ماں !
آج کسی بھی کام میں میرا من نہیں لگتا
آج سجُوں مَیں کیسے ماں ؟
کیا   ں مَیں ، بال سنواروں کیسے مَیں ؟

مجھ کو ایسے حیرت سے کیوں دیکھ رہی ہو؟
جانتی ہوں ، وہ ایک دفعہ بھی اُوپر میری کھڑکی پر نہ دیکھے گا
پلک جھپکنے میں وہ آنکھ سے اوجھل بھی ہو جائے گا___
دُور سے بس شہنائی کی آواز ہی ہچکیاں لیتی
مجھ تک آئے گی
لیکن راجکمار ہمارے دروازے سے گزرے گا ، جس پل ،
میں پوری سج جاؤں گی___ !

AUSPICIOUS TIME

O mother, the young Prince is to pass
by our door,
how can I attend
to my work this morning?
Show me how to braid up my hair;
tell me what garment to put on.

Why do you look at me amazed, mother?
I know well he did not look up
once at my window;
I know he will pass out of my sight
in the twinkling of an eye;
only the vanishing strain
of the flute will come
sobbing to me from afar.

But the young Prince
will pass by our door,
and I will put on my best
for the moment.

ত্যাগ

ওগো মা,
রাজার দুলাল গেল চলি মোর
ঘরের সমুখপথে,
প্রভাতের আলো ঝলিল তাহার
স্বর্ণশিখর রথে।
ঘোমটা খসায়ে বাতায়ন থেকে
নিমেষের লাগি নিয়েছি মা দেখে,
ছিঁড়ি মণিহার ফেলেছি তাহার
পথের ধুলার 'পরে।

মা গো, কী হল তোমার, অবাক নয়নে
চাহিস কিসের তরে!
মোর হার-ছেঁড়া মণি নেয় নি কুড়ায়ে,
রথের চাকায় গেছে সে গুঁড়ায়ে
চাকার চিহ্ন ঘরের সমুখে
পড়ে আছে শুধু আঁকা।
আমি কী দিলেম কারে জানে না সে কেউ –
ধুলায় রহিল ঢাকা।

তবু রাজার দুলাল গেল চলি মোর
ঘরের সমুখপথে –
মোর বক্ষের মণি না ফেলিয়া দিয়া
রহিব বলো কী মতে।

تیاگ

او ماں ___ راج کمار ہمارے دروازے سے گزرا تھا جب،
صبح کا سورج اُس کے رتھ پر چمکا تھا!
مَیں نے گھونگٹ ہٹا دیا تھا چہرے سے،
اور 'پنّوں' کی مالا توڑ کے اپنے گلے سے
رتھ کی راہ میں اُچھال دی تھی

کیوں حیرت سے دیکھ رہی ہو مجھ کو ماں؟ 23
جانتی ہوں وہ مالا اُس نے نہیں اُٹھائی
وہ رتھ کے پہیئے کے نیچے ہی چُور ہوئی
لال رنگ کا داغ زمیں پر چھوڑ گیا رتھ
کوئی جان سکا نہ میرا تحفہ کیا تھا، کس کے لئے تھا
لیکن ماں ___
لیکن راجکمار ہمارے دروازے سے گزرا اور ___
مَیں نے اپنے گلے کا زیور اُس پہ نچھاور کر ڈالا!

SACRIFICE

O mother,
the young Prince
did pass by our door,
and the morning sun
flashed from his chariot.
I swept aside the veil
from my face,
I tore the ruby chain
from my neck and
flung it in his path.
Why do you look at me
amazed, mother?
I know well he did not
pick up my chain;
I know it was crushed
under his wheels
leaving a red stain
upon the dust,
and no one knows
what my gift was nor to whom.
But the young Prince
did pass by our door,
and I flung the jewel
from my breast before his path.

ভ্রষ্ট লগ্ন

শয়নশিয়রে প্রদীপ নিবেছে সবে,
জাগিয়া উঠেছি ভোরের কোকিলরবে।
অলসচরণে বসি বাতায়নে এসে
নূতন মালিকা পরেছি শিথিল কেশে।
এমন সময়ে অরুণধূসর পথে
তরুণ পথিক দেখা দিল রাজরথে।
সোনার মুকুটে পড়েছে উষার আলো,
মুকুতার মালা গলায় সেজেছে ভালো।
শুধালো কাতরে 'সে কোথায়! সে কোথায়!'
    ব্যগ্রচরণে আমারি দুয়ারে নামি –
শরমে মরিয়া বলিতে নারিনু হায়,
    'নবীন পথিক, সে যে আমি, সেই আমি!'

গোধূলিবেলায় তখনো জ্বলে নি দীপ,
পরিতেছিলাম কপালে সোনার টিপ –
কনকমুকুর হাতে লয়ে বাতায়নে
বাঁধিতেছিলাম কবরী আপনমনে।
হেনকালে এল সন্ধ্যাধূসর পথে
করুণনয়ন তরুণ পথিক রথে।
ফেনায় ঘর্মে আকুল অশ্বগুলি
বসনে ভূষণে ভরিয়া গিয়াছে ধূলি।
শুধালো কাতরে 'সে কোথায়! সে কোথায়!'
    ক্লান্ত চরণে আমারি দুয়ারে নামি –
শরমে মরিয়া বলিতে নারিনু হায়,
    'শ্রান্ত পথিক, সে যে আমি, সেই আমি!'

ফাগুন যামিনী, প্রদীপ জ্বলিছে ঘরে,
দখিন বাতাস মরিছে বুকের 'পরে।
সোনার খাঁচায় ঘুমায় মুখরা সারী,
দুয়ার-সমুখে ঘুমায়ে পড়েছে দ্বারী।
ধূপের ধোঁয়ায় ধূসর বাসরগেহ,
অগুরুগন্ধে আকুল সকল দেহ,
ময়ূরকণ্ঠী পরেছি কাঁচলখানি
দূর্বাশ্যামল আঁচল বক্ষে টানি,
রয়েছি বিজন রাজপথপানে চাহি,
    বাতায়নতলে বসেছি ধূলায় নামি –
ত্রিযামা যামিনী একা বসে গান গাহি,
    'হতাশ পথিক, সে যে আমি, সেই আমি।'

لگن

جب سِرہانے بجھ گیا تھا، رات بھر جل کر دِیا
اور چڑیوں کے چہکنے سے مَیں جاگی
آلسی قدموں سے آ بیٹھی مَیں کھڑکی پر،
کیس کھولے اپنے بالوں میں لگا کر تازہ ''بِنی''
صبح کے ہلکے گلابی کہرے میں گُزرا مُسافر، راستے سے
موتیوں کی مالا پہنے، دُھوپ کی کرِنیں چمکتی تھیں مُکٹ پر
میرے دروازے پہ آ کر اُس نے پوچھا شوق سے
''وہ کہاں ہے؟___ وہ کہاں ہے؟''
مَیں ہی مارے شرم کے کہہ نہ سکی
''مَیں ہوں وہ، میرے مُسافر، مَیں وہی ہوں!

گودَ دُھلی کا وقت تھا وہ، اور جلا نہ تھا دِیا

بے دِلی سے مَیں نے اپنے کیس باندھے
شام کی سُرخی میں رتھ پر لوٹ کر آیا مسافر
جھاگ اُڑتی تھی بہت گھوڑوں کے مُنہ سے، گرد سے کپڑے اٹے تھے،

وہ اُتر کے میرے دروازے پہ آیا، اور تھکی آواز میں پوچھا
''وہ کہاں ہے؟ ___ وہ کہاں ہے؟''
مَیں ہی مارے شرم کے کہہ نہ سکی،
''مَیں ہوں وہ، ماندہ مسافر، ___ مَیں وہی ہوں!''

رات پھاگن کی ہے اور کمرے میں جلتا ہے دِیا
مور کی گردن کا رنگ ہے میری انگیا کا
اور چولی سبز جیسے تازہ گھاس
فرش پر بیٹھی ہوں کھڑکی کے تلے، مَیں دیکھتی رہتی ہوں بس خالی گلی
اور اندھیری رات میں، مَیں گُنگُناتی رہتی ہوں،
''مَیں ہوں وہ، میرے مسافر، ___ مَیں وہی ہوں
مَیں وہی ہوں ___ مَیں وہی ہوں''!

DESECRATE MOMENT

When the lamp went out by my bed
I woke up with the early birds.
I sat at my open window
with a fresh wreath on my loose hair.
The young traveller came along the road
in the rosy mist of the morning.
A pearl chain was on his neck, and the
sun's rays fell on his crown.
He stopped before my door
and asked me with an eager cry,
'Where is she?'
For very shame I could not say,
'She is I, young traveller, she is I.'

It was dusk and the lamp was not lit.
I was listlessly braiding my hair.
The young traveller came on his chariot
in the glow of the setting sun.
His horses were foaming at the mouth,
and there was dust on his garment.
He alighted at my door and
asked in a tired voice, 'Where is she?'
For very shame I could not say,
'She is I, weary traveller, she is I.'

It is an April night.
The lamp is burning in my room.
The breeze of the south comes gently.
The noisy parrot sleeps in its cage.
My bodice is of the colour
of the peacock's throat,
and my mantle is green as young grass.
I sit upon the floor
at the window watching
the deserted street.
Through the dark night
I keep humming,
'She is I, despairing traveller,
she is I.'

গৃহশত্রু

আমি একাকিনী যবে চলি রাজপথে
নব অভিসারসাজে,
নিশীথে নীরব নিখিল ভুবন,
না গাহে বিহগ, না চলে পবন,
মৌন সকল পৌর ভবন
সুপ্তনগরমাঝে –
শুধু আমার নূপুর আমারি চরণে
বিমরি বিমরি বাজে।
অধীর মুখর শুনিয়া সে স্বর
পদে পদে মরি লাজে।

আমি চরণশব্দ শুনিব বলিয়া
বসি বাতায়নকাছে –
অনিমেষ তারা নিবিড় নিশায়,
লহরীর লেশ নাহি যমুনায়,
জনহীন পথ আঁধারে মিশায়,
পাতাটি কাঁপে না গাছে –
শুধু আমারি উরসে আমারি হৃদয়
উলসি বিলসি নাচে।
উতলা পাগল করে কলরোল,
বাঁধন টুটিলে বাঁচে।

আমি কুসুমশয়নে মিলাই শরমে,
মধুর মিলনরাতি –
স্তব্ধ যামিনী ঢাকে চারিধার,
নির্বাণ দীপ, রুদ্ধ দুয়ার,
শ্রাবণগগন করে হাহাকার

তিমিরশয়ন পাতি –
শুধু আমার মানিক আমারি বক্ষে
জ্বালায়ে রেখেছে বাতি।
কোথায় লুকাই, কেমনে নিবাই
নিলাজ ভূষণভাতি।

আমি আমার গোপন মরমের কথা
রেখেছি মরমতলে।
মলয় কহিছে আপন কাহিনী,
কোকিল গাহিছে আপন রাগিণী,
নদী বহি চলে কাঁদি একাকিনী
আপনার কলকলে –
শুধু আমার কোলের আমারি বীণাটি
গীতঝংকারছলে
যে কথা যখন করিব গোপন
সে কথা তখনি বলে।

وصل

مَیں اکیلی راستے سے جب نکلتی ہوں،
* وصل کا سنگار کر کے

خاموش رہتے ہیں پرندے، اور ہوا ہلتی نہیں
دو طرف کے گھر، گلی کے، سانس روکے دیکھتے ہیں
صرف پائیل ہے مِری، آواز کرتی ہے
لاج سے پگ پگ پہ مرتی ہوں

بیٹھ کر جب ڈیوڑھی میں،
اُس کے قدموں کی صدا سُنتی ہوں مَیں
پیڑ کے پتّے نہیں تب سرسراتے
اور ندی کا پانی تھم جاتا ہے، جیسے ____
سنتری گھٹنوں پہ رکھ کے *تیغ ننگی سو گیا ہو
دل دھڑکتا ہے بڑی بے تابی سے
چُپ کراؤں کس طرح ؟...

☆ وَصل = ملن ، ☆ تیغ = تلوار

وصل کی شب
مَیں پگھل جاتی ہوں مارے شرم کے،
کپکپاتا ہے بدن،
پلکیں جھک جاتی ہیں میری
رات ہو جاتی ہے گہری،
جب ہوائیں پھونک دیتی ہیں دِیا
تاروں پر پردہ گرا دیتے ہیں بادل

مَیں نے دل کی بات دل ہی میں دبالی ہے
اور ہوا اپنی کہانی کہہ کے جاتی ہے ___
راگنی اپنی ہی گاتی رہتی ہے کوئیل
بہتی رہتی ہے ندی، روتی ہوئی، اپنی 'قُل قُل' میں اکیلی
صرف میری بات سینے کی
چھلک جاتی ہے میرے گیت کی جھنکار میں اکثر
بات جو بھی ___
جب چھپائی ہو
بول پڑتی ہے!

THE TRAITOR

When I go alone
at night to my love-tryst,
birds do not sing,
the wind does not stir,
the houses on both sides
of the street stand silent.
It is my own anklets
that grow loud at every step
and I am ashamed.

When I sit on my balcony and
listen for his footsteps,
leaves do not rustle on the trees,
and the water is still in the river
like the sword on the knees
of a sentry fallen asleep.
It is my own heart
that beats wildly –
I do not know how to quiet it.

When my love comes and
sits by my side,
when my body trembles and
my eyelids droop,
the night darkens,
the wind blows out the lamp,
and the clouds draw veils
over the stars.
It is the jewel at my own breast
that shines and gives light.
I do not know how to hide it.

অতিথি

ওই শোনো গো, অতিথ বুঝি আজ
এল আজ।
ওগো বধূ, রাখো তোমার কাজ
রাখো কাজ।

শুনছ না কি তোমার গৃহদ্বারে
রিনিঠিনি শিকলটি কে নাড়ে,
এমন ভরা সাঁঝ!
পায়ে পায়ে বাজিয়ো নাকো মল,
ছুটো নাকো চরণ চঞ্চল,
হঠাৎ পাবে লাজ।

ওই শোনো গো, অতিথ এল আজ
এল আজ।
ওগো বধূ, রাখো তোমার কাজ
রাখো কাজ।

নয় গো কভু বাতাস এ নয় নয়
কভু নয়।
ওগো বধূ, মিছে কিসের ভয়
মিছে ভয়!

আঁধার কিছু নাইকো আঙিনাতে,
আজকে দেখো ফাগুন-পূর্ণিমাতে
আকাশ আলোময়।
নাহয় তুমি মাথার ঘোমটা টানি

হাতে নিয়ো ঘরের প্রদীপখানি,
যদি শঙ্কা হয়।

নয় গো কভু বাতাস এ নয় নয়
কভু নয়।
ওগো বধূ মিছে কিসের ভয়
মিছে ভয়!

নাহয় কথা কোয়ো না তার সনে
পান্থ-সনে।
দাঁড়িয়ে তুমি থেকো একটি কোণে
দুয়ার-কোণে।

প্রশ্ন যদি শুধায় কোনো-কিছু
নীরব থেকো মুখটি করে নীচু
নম্র দু-নয়নে।
কাঁকন যেন ঝংকারে না হাতে,
পথ দেখিয়ে আনবে যবে সাথে
অতিথিসজ্জনে।

নাহয় কথা কোয়ো না তার সনে
পান্থ-সনে।
দাঁড়িয়ে তুমি থেকো একটি কোণে
দুয়ার-কোণে।

ওগো বধূ, হয় নি তোমার কাজ
গৃহ-কাজ?
ওই শোনো কে অতিথ এল আজ
এল আজ।

সাজাও নি কি পূজারতির ডালা?
এখনো কি হয় নি প্রদীপ জ্বালা
গোষ্ঠগৃহের মাঝ?
অতি যত্নে সীমান্তটি চিরে
সিঁদুর-বিন্দু আঁক নাই কি শিরে?
হয় নি সন্ধ্যাসাজ?

ওগো বধূ, হয় নি তোমার কাজ
গৃহ-কাজ?
ওই শোনো কে অতিথ এল আজ
এল আজ।

مہمان

بہو، رہنے دو چُولھا چوکا، مہماں آ گیا ہے
سُنی تم نے جو، اتنی شام دھیمے سے ہلائی کنڈی،
دروازہ کی، اُس نے
بہت اُونچی نہ بولے، تیری پائیل، اور قدم بھی تیز نہ ہو

بہو، رہنے دو چُولھا چوکا اب،
ہوئی ہے شام اور مہمان آیا ہے

ڈرومت وہ ہوا کا جھونکا نہ تھا
اندھیرا ابھی نہیں ہے آج آنگن میں
یہ پورے چاند کی ہے رات پھاگن کی، بہو
ہے روشن آسماں سر پہ
ذرا سا کھینچ لو گھونگٹ اگر چاہو،
دِیا بھی ہاتھ میں لے لو اگر ڈر ہے
ڈرومت یہ ہوا کے ہاتھ کا جھونکا نہیں ہے
اگر لجّا لگے تو بات مت کرنا
ذراسی اوٹ دروازے کی لے لینا
وہ کچھ پوچھے، اگر چاہو، گرا کے پلکیں چُپ رہنا

ڈرو مت یہ ہوا کے ہاتھ کا جھونکا نہیں ہے
اگر لجّا لگے تو بات مت کرنا
ذرا سی اوٹ دروازے کی لے لینا
وہ کچھ پوچھے، اگر چاہو، گرا کے پلکیں چُپ رہنا

مگر کنگن نہ کھنکے جب دِیا لے کر چلو آگے
جو لاج آئے تو اُس سے بات مت کرنا
بہو کیا چولھا چوکا کر لیا تم نے؟ سُنو مہمان آ پہنچا...

گیہو کھپریل میں باتی جلائی کیا؟
تمہاری، 'سندھیا پوجا' کے لئے تھالی سجی کیا؟

جتن سے مانگ کاڑھی تھی،
ابھی سینڈُور ڈالا، یا نہیں اُس میں؟

بہو کیا رات کا سنگار پُورا کر لیا تم نے؟
بہو سُنتی بھی ہو، ___ مہمان آ پہنچا

چلو رہنے دو چُولھا چوکا اب! چھوڑو!
مہمان آ پہنچا!!

GUEST

Let your work be, bride.
Listen, the guest has come.
Do you hear,
he is gently shaking the chain
which fastens the door?
See that your anklets make no loud noise,
and that your step is not over-hurried
at meeting him.
Let your work be, bride,
the guest has come in the evening.

No, it is not the ghostly wind,
bride, do not be frightened.
It is the full moon on a night of April;
shadows are pale in the courtyard;
the sky overhead is bright.
Draw your veil over your face if you must,
carry the lamp to the door if you fear.
No, it is not the ghostly wind, bride,
do not be frightened.

Have no word with him if you are shy;
stand aside by the door when you meet him.
If he asks you questions,
and if you wish to,
you can lower your eyes in silence.
Do not let your bracelets jingle when,
lamp in hand, you lead him in.
Have no word with him if you are shy.

Have you not finished your work yet, bride?
Listen, the guest has come.
Have you not lit the lamp in the cowshed?
Have you not got ready the offering basket
for the evening service?
Have you not put the red lucky mark
at the parting of your hair,
and done your toilet for the night?
O bride, do you hear,
the guest has come.
Let your work be!

চিরায়মানা

যেমন আছ তেমনি এসো,
আর কোরো না সাজ।
বেণী নাহয় এলিয়ে রবে,
সিঁথে নাহয় বাঁকা হবে,
নাই বা হল পত্রলেখায়
সকল কারুকাজ।
কাঁচল যদি শিথিল থাকে
নাইকো তাহে লাজ।
যেমন আছ তেমনি এসো,
আর কোরো না সাজ।

এসো দ্রুত চরণ দুটি
তৃণের 'পরে ফেলে।
ভয় কোরো না, অলক্তরাগ
মোছে যদি মুছিয়া যাক –
নূপুর যদি খুলে পড়ে
নাহয় রেখে এলে।
খেদ কোরো না মালা হতে
মুক্তা খ'সে গেলে।
এসো দ্রুত চরণ দুটি
তৃণের 'পরে ফেলে।

হেরো গো, ওই আঁধার হল,
আকাশ ঢাকে মেঘে।
ও পার হতে দলে দলে
বকের শ্রেণী উড়ে চলে,
থেকে থেকে শূন্য মাঠে

বাতাস ওঠে জেগে।
ওই রে গ্রামের গোষ্ঠ-মুখে
ধেনুরা ধায় বেগে।
হেরো গো, ওই আঁধার হল,
আকাশ ঢাকে মেঘে।

প্রদীপখানি নিবে যাবে,
মিথ্যা কেন জ্বাল?
কে দেখতে পায় চোখের কাছে
কাজল আছে কি না আছে?
তরল তব সজল দিঠি
মেঘের চেয়ে কালো।
আঁখির পাতা যেমন আছে
এমনি থাকা ভালো।
কাজল দিতে প্রদীপখানি
মিথ্যা কেন জ্বাল?

এসো হেসে সহজ বেশে
আর কোরো না সাজ।
গাঁথা যদি না হয় মালা
ক্ষতি তাহে নাই গো বালা,
ভূষণ যদি না হয় সারা
ভূষণে নাই কাজ।
মেঘে মগন পূর্ব-গগন
বেলা নাই রে আজ –
এসো হেসে সহজ বেশে,
নাই বা হল সাজ।

سنگھار

جیسی ہو، ویسی ہی چلی آ ؤ ، سنگار کو رہنے دو
بال اگر بکھرے ہیں، اُن میں سیدھی مانگ نہیں نکلی ،
باندھے نہیں انگیا کے پھیتے ،تو بھی کوئی بات نہیں
جیسی ہو، ویسی ہی چلی آ ؤ ، سنگار کو رہنے دو

گھاس پہ تیز قدم چلتی آ جاؤ تم
اوس سے بھیگی مٹّی بھی گر ، پاؤں میں لگ جائے ،
یا گھُنگھرو گِر جائے پائیل سے ،
افسوس کرو نہ مالا سے گر موتی بھی گِر جائے تو
گھاس پہ تیز قدم چلتی آ جاؤ تم

اندھیرا ہُوا ، آکاش پہ بادل اُمڑ رہے ہیں ،
کُونجیں ندی کنارے سے سب اُڑنے لگی ہیں
اور ہوا کے جھونکے رہ رہ کر سرکنڈوں سے گُزر رہے ہیں
گھبرائے گھبرائے مویشی ، لوٹ رہے ہیں تھان پہ اپنے ، گاؤں میں
اندھیرا ہُوا ، آکاش پہ بادل اُمڑ رہے ہیں
بیکار جلا کر رکھّا ہے، سِنگار دِیا ،
ہوا سے کانپ کے بار بار بُجھ جاتا ہے

کس کو پتہ ہے، پلکوں تلے
دیئے کا کاجل لگا نہیں
آنکھیں تمہاری، کالی بدلی سے بھی گہری کالی ہیں
بے وجہ جلاتی ہو سنگار دیا تم، جو بُجھ جاتا ہے
جیسی ہو، ویسی ہی چلی آؤ، سنگار کو رہنے دو
نہیں بنی ہے پراندی تو کیا؟ گجرا نہیں بندھا تو، چھوڑو
آکاش پہ بادل اُمڑ رہے ہیں، مت دیر کرو
جیسی ہو، ویسی ہی چلی آؤ، سنگار کو رہنے دو!!

IMMORTAL

Come as you are;
do not loiter over your toilet.
If your braided hair has loosened,
if the parting of your hair be not straight,
if the ribbons of your bodice be not fastened,
do not mind.
Come as you are;
do not loiter over your toilet.

Come, with quick steps over the grass.
If the raddle came from your feet
because of the dew,
if the rings of bells upon your feet slacken,
if pearls drop out of your chain,
do not mind.
Come with quick steps over the grass.

Do you see the clouds wrapping the sky?
Flocks of cranes fly up
from the further riverbank
and fitful gusts of wind rush over the heath.
The anxious cattle run to their stalls in the village.
Do you see the clouds wrapping the sky?

In vain you light your toilet lamp –
it flickers and goes out in the wind.
Who can know that
your eyelids have not been touched
with lampblack?
For your eyes are darker
than rain-clouds.
In vain you light your toilet lamp –
it goes out.

Come as you are;
do not loiter over your toilet.
If the wreath is not woven,
who cares;
if the wrist-chain has not been linked,
let it be.
The sky is overcast with clouds –
it is late.
Come as you are;
do not loiter over your toilet.

পিয়াসী

আমি তো চাহি নি কিছু।
বনের আড়ালে দাঁড়ায়ে ছিলাম
নয়ন করিয়া নিচু।
তখনো ভোরের আলস-অরুণ
আঁখিতে রয়েছে ঘোর,
তখনো বাতাসে জড়ানো রয়েছে
নিশির শিশির-লোর।
নূতন-তৃণের উঠিছে গন্ধ
মন্দ প্রভাতবায়ে –
তুমি একাকিনী কুটিরবাহিরে
বসিয়া অশথছায়ে
নবীননবনীনিন্দিত করে
দোহন করিছ দুগ্ধ,
আমি তো কেবল বিধুর বিভোল
দাঁড়ায়ে ছিলাম মুগ্ধ।

আমি তো কহি নি কথা।
বকুলশাখায় জানি না কী পাখি
কী জানালো ব্যাকুলতা।
আম্র কাননে ধরেছে মুকুল,
ঝরিছে পথের পাশে –
গুঞ্জনস্বরে দুয়েকটি করে
মৌমাছি উড়ে আসে।
সরোবরপারে খুলিছে দুয়ার
শিবমন্দিরঘরে,
সন্ন্যাসী গাহে ভোরের ভজন
শান্ত গভীর স্বরে।

ঘট লয়ে কোলে বসি তরুতলে
    দোহন করিছ দুগ্ধ,
শূন্য পাত্র বহিয়া মাত্র
    দাঁড়ায়ে ছিলাম লুব্ধ।

    আমি তো যাই নি কাছে।
উতলা বাতাস অলকে তোমার
    কী জানি কী করিয়াছে।
ঘন্টা তখন বাজিছে দেউলে,
    আকাশ উঠিছে জাগি,
ধরণী চাহিছে ঊর্ধ্বগগনে
    দেবতা-আশিষ মাগি।
গ্রামপথ হতে প্রভাত-আলোতে
    উড়িছে গোখুরধূলি –
উছলিত ঘট বেড়ি কটিতটে
    চলিয়াছে বধূগুলি।
তোমার কাঁকন বাজে ঘনঘন
    ফেনায়ে উঠিছে দুগ্ধ,
পিয়াসী নয়নে ছিনু এক কোণে
    পরান নীরবে ক্ষুব্ধ।

پیاسی

مَیں نے تو کچھ مانگا نہیں
جنگل کے کنارے، پیڑ کی اوٹ میں،
کھڑی رہی مَیں، نظر جھکائے
صبح کی آنکھ میں کچّی نیند تھی،
اور ہوا میں شبنم تھی
گیلی گھاس کی سست سُگندھ تھی،
ہلکی دُھند میں لٹکی ہوئی،
تُم اکیلے کٹیا کے باہر،
برگد کے نیچے، کومل ہاتھوں سے تم
گائے دَوھ رہے تھے

مَیں خاموش ہی کھڑی رہی، بیخود!
اک لفظ نہیں بولی مَیں
اک پنچھی تھا جو شاخوں کے جھُرمٹ سے بول رہا تھا
آم کے پیڑ کا بور بھی،
پگڈنڈی پر برس رہا تھا،
شہد کی مکھّیاں بھِن بھِن کرتی تھیں

تالاب کنارے شِو مندر کا دروازہ بھی کھُلا ہوا تھا
اور سنیاسی نے ___
آرتی بھی آرمبھ کردی تھی
میں کھڑی رہی لُٹیا لے کر ___
مَیں پاس نہ آئی ___

مندر کا گھڑیال بجا تو آسمان بھی جاگ گیا
دھرتی نے گگن کو دیکھ دُعائیں مانگیں
رَستے پہ مویشی دُھول اُڑاتے نکل گئے
ندیا سے چھلکتی گاگریں کولھوں پر رکھ کر،
گھاٹ سے عورتیں اُٹھنے لگیں

جھاگ بھرے برتن پہ، تمہارے ___
ہاتھوں کے کڑے کھنکتے رہے
دن چڑھنے لگا اور پھر بھی مَیں ___
مَیں پاس نہیں آئی!
بس پیاسے نین لئے
ایک کنارے کھڑی رہی
مَیں نے کچھ مانگا بھی نہیں!

THIRSTY

I asked nothing,
only stood at the edge
of the wood behind the tree.
Languor was still upon
the eyes of the dawn,
and the dew in the air.
The lazy smell of the damp grass
hung in the thin mist above the earth.
Under the banyan tree
you were milking the cow with your hands,
tender and fresh as butter.
And I was standing still.

I did not say a word.
It was the bird that sang unseen
from the thicket.
The mango tree was shedding
its flowers upon the village road,
and the bees came humming one by one.
On the side of the pond
the gate of Shiva's temple was opened
and the worshipper had begun his chants.
With the vessel on your lap
you were milking the cow.
I stood with my empty can.

I did not come near you.
The sky woke with
the sound of the gong
at the temple.
The dust was raised
in the road from the hoofs
of the driven cattle.
With the gurgling pitchers at their hips,
women came from the river.
Your bracelets were jingling,
and foam brimming over the jar.
The morning wore on and
I did not come near you.

হিরণ-কস্তুরী

পাগল হইয়া বনে বনে ফিরি
আপন গন্ধে মম
কস্তুরীমৃগসম।
ফাল্গুনরাতে দক্ষিণবায়ে
কোথা দিশা খুঁজে পাই না।
যাহা চাই তাহা ভুল করে চাই,
যাহা পাই তাহা চাই না।

বক্ষ হইতে বাহির হইয়া
আপন বাসনা মম
ফিরে মরীচিকাসম।
বাহু মেলি তারে বক্ষে লইতে
বক্ষে ফিরিয়া পাই না।
যাহা চাই তাহা ভুল করে চাই,
যাহা পাই তাহা চাই না।

নিজের গানেরে বাঁধিয়া ধরিতে
চাহে যেন বাঁশি মম
উতলা পাগলসম।
যারে বাঁধি ধরে তার মাঝে আর
রাগিণী খুঁজিয়া পাই না।
যাহা চাই তাহা ভুল করে চাই,
যাহা পাই তাহা চাই না।

کستوری ہرن

پگلوں کی طرح ___
مَیں گھومتا ہوں
کستوری ہرن جیسے جنگل میں ، اپنی ہی خوشبو سے پاگل
گھومتا رہتا ہے
پھاگُن کی رات دکھن کی ہوائیں چلتی ہیں
اور کوئی راہ نہیں ملتی
جو چاہتا ہوں، وہ بھول مری
جو پاتا ہوں، وہ چاہا نہیں

سینے سے نکل کے خوشبو میری
سامنے گھومتی ہے
کوشش کرتا ہوں اُس کو پکڑ کے
سینے میں رکھ لُوں،
وہ ہاتھ نہیں آتی ___!
جو چاہتا ہوں وہ بھول مری
جو پاتا ہوں، وہ چاہا نہیں!

UNTITLED

I run as a musk-deer
runs in the shadow of the forest, mad
with his own perfume.
The night is the night of mid-May,
the breeze is the breeze of the south.
I lose my way and I wander,
I seek what I cannot get,
I get what I do not seek.

From my heart comes out
and dances the image of my own desire.
The gleaming vision flits on,
I try to clasp it firmly,
it eludes me and leads me astray.
I seek what I cannot get,
I get what I do not seek.

সকরুণা

সখী প্রতিদিন হায় এসে ফিরে যায় কে!
তারে আমার মাথার একটি কুসুম দে।
যদি শুধায় কে দিল, কোন্ ফুলকাননে,
তোর শপথ, আমার নামটি বলিস নে।
সখী প্রতিদিন হায় এসে ফিরে যায় কে!

সখী তরুর তলায় বসে সে ধুলায় যে!
সেথা বকুলমালায় আসন বিছায়ে দে।
সে যে করুণা জাগায় সকরুণ নয়নে –
কেন কী বলিতে চায়, না বলিয়া যায় সে।
সখী প্রতিদিন হায় এসে ফিরে যায় কে!

سکھی ___

ہے کون ___

جو ہر دن چلا آتا ہے اور پھر لوٹ جاتا ہے؟

اُسے یہ پھول دے دو میرے بالوں کا سکھی جا کر

اگر وہ پوچھ لے یہ کس نے بھیجا ہے

قسم ہے، دیکھو میرا نام مت لینا

سکھی ہے کون، جو ہر روز آ کر لوٹ جاتا ہے

وہ نیچے پیڑ کے،

مٹّی پہ آ کر بیٹھ جاتا ہے

وہاں پہ بیٹھنے کو پھول اور پتّے بچھا دو ___

اُداس ہیں آنکھیں اُس کی

دیکھ کر دل میں اُداسی بھرنے لگتی ہے

وہ من کی بات کچھ کہتا نہیں ہے ___

صرف آ کر لوٹ جاتا ہے!

سکھی ___

ہے کون ___

جو ہر دن چلا آتا ہے اور پھر لوٹ جاتا ہے؟

PITIFUL

Day after day
he comes and goes away.
Go, and give him
a flower from my hair,
my friend.
If he asks who was it that sent it,
I entreat you do not tell him my name –
for he only comes and goes away.

He sits on the dust under the tree.
Spread there a seat
with flowers and leaves,
my friend.
His eyes are sad, and
they bring sadness to my heart.
He does not speak what he has in mind;
he only comes and goes away.

যোগী ভিক্ষু

সখী, আমারি দুয়ারে কেন আসিল
নিশিভোরে যোগী ভিখারি।
কেন করুণস্বরে বীণা বাজিল ॥
আমি আসি যাই যতবার
চোখে পড়ে মুখ তার,
তারে ডাকিব কি ফিরাইব তাই ভাবি লো ॥
শ্রাবণে আঁধার দিশি, শরতে বিমল নিশি,
বসন্তে দখিন বায়ু, বিকশিত উপবন –
কত ভাবে কত গীতি
গাহিতেছি নিতি নিতি
মন নাহি লাগে কাজে,আঁখিজলে ভাসি লো।

جوگی

سکھی ___

مِرے دروازے پر ہی کیوں رُکا ہے صبح دم، وہ جوگی، بھکشو
بڑے درد یلے سُر ہیں جو بجاتا ہے
مَیں جب آؤں یا گزروں اُس جگہ سے
مِری آنکھوں میں پڑتا ہے وہ چہرہ
مِیں کیا جانوں، کہ بولوں اُس سے یا بس پھیر دُوں اُس کو،
مِرے دروازے پر ہی کیوں رُکا ہے وہ؟

شراونؔ میں، گھنی ہوتی ہیں راتیں
خزاں میں آسماں یہ خالی رہتا ہے
ہوائیں دکھنی، بے چین رکھتی ہیں بہاروں کو
نئی دُھن پر، ہمیشہ ہی نیا نغمہ سُناتا ہے
پڑے رہ جاتے ہیں سب کام میرے، بھیگ جاتی ہیں مِری آنکھیں
میرے دروازے پر ہی کیوں رُکا ہے وہ؟

BEGGAR MONK

Why did he choose to come to my door,
the wandering youth,
when the day dawned?
As I come in and out I pass by him every time,
and my eyes are caught by his face.
I know not if I should speak to him or keep silent.
Why did he choose to come to my door?

The cloudy nights in July are dark;
the sky is soft blue in the autumn;
the spring days are restless with the south wind.
He weaves his songs with fresh tunes every time.
I turn from my work and my eyes fill with the mist.
Why did he choose to come to my door?

দুঃসময়

যদিও সন্ধ্যা আসিছে মন্দ মন্থরে,
সব সংগীত গেছে ইঙ্গিতে থামিয়া,
যদিও সঙ্গী নাহি অনন্ত অম্বরে,
যদিও ক্লান্তি আসিছে অঙ্গে নামিয়া,
মহা আশঙ্কা জপিছে মৌন মন্তরে,
দিক্-দিগন্ত অবগুণ্ঠনে ঢাকা –
তবু বিহঙ্গ, ওরে বিহঙ্গ মোর,
এখনি, অন্ধ, বন্ধ কোরো না পাখা।

এ নহে মুখর বনমর্মরগুঞ্জিত,
এ যে অজাগরগরজে সাগর ফুলিছে।
এ নহে কুঞ্জ কুন্দকুসুমরঞ্জিত,
ফেনহিল্লোল কলকল্লোলে দুলিছে।
কোথা রে সে তীর ফুলপল্লবপুঞ্জিত,
কোথা রে সে নীড়, কোথা আশ্রয়শাখা!
তবু বিহঙ্গ, ওরে বিহঙ্গ মোর,
এখনি, অন্ধ, বন্ধ কোরো না পাখা।

এখনো সমুখে রয়েছে সুচির শর্বরী,
ঘুমায় অরুণ সুদূর অস্ত-অচলে!
বিশ্বজগৎ নিশ্বাসবায়ু সম্বরি
স্তব্ধ আসনে প্রহর গনিছে বিরলে।
সবে দেখা দিল অকূল তিমির সন্তরি
দূর দিগন্তে ক্ষীণ শশাঙ্ক বাঁকা।
ওরে বিহঙ্গ, ওরে বিহঙ্গ মোর,
এখনি, অন্ধ, বন্ধ কোরো না পাখা।

ঊর্ধ্ব আকাশে তারাগুলি মেলি অঙ্গুলি
ইঙ্গিত করি তোমা-পানে আছে চাহিয়া।
নিম্নে গভীর অধীর মরণ উচ্ছলি
শত তরঙ্গ তোমা-পানে উঠে ধাইয়া।
বহুদূর তীরে কারা ডাকে বাঁধি অঞ্জলি
'এসো এসো' সুরে করুণ মিনতি-মাখা।
ওরে বিহঙ্গ, ওরে বিহঙ্গ মোর,
এখনি, অন্ধ, বন্ধ কোরো না পাখা।

ওরে ভয় নাই, নাই স্নেহমোহবন্ধন,
ওরে আশা নাই, আশা শুধু মিছে ছলনা।
ওরে ভাষা নাই, নাই বৃথা বসে ক্রন্দন,
ওরে গৃহ নাই, নাই ফুলশেজরচনা।
আছে শুধু পাখা, আছে মহানভ-অঙ্গন
উষা-দিশা-হারা নিবিড়-তিমির-আঁকা –
ওরে বিহঙ্গ, ওরে বিহঙ্গ মোর,
এখনি, অন্ধ, বন্ধ কোরো না পাখা।

پنچھی

دبے پاؤں چلی آئی ہے شام اور____

اشارے سے کہا اب بند کر دو ساز سارے____!

اگر چہ بیکراں اِس آسماں میں،

کوئی ساتھی نہیں ہے،

تھکاوٹ بھر رہی ہے انگ انگ میں___

بہت خاموش ہے یہ آسماں کہ خوف ہوتا ہے

مگر پنچھی، مِرے پنچھی، تم اپنے پنکھ نہ بند کرنا!

یہ جنگل میں درختوں کی اُداسی بھی نہیں ہے

سمندر میں جوار اُٹھّی ہے، کالے ناگ کے جیسے

نہیں، یہ موگرا کھلنے کا کوئی رقص نہیں ہے،

فقط یہ جھاگ پھولی ہے____

تمہارا دُھوپ سے روشن، ہرا ساحل کہاں ہے؟

کہاں ہے آشیاں؟ شاخیں بسیرے کی؟

مگر پنچھی، مِرے پنچھی، تم اپنے پنکھ نہ بند کرنا!

تمہارے راستے میں شب بچھی ہے،
اور سویرا ابھی پہاڑوں کے پرے ہے
یہ کائنات ساری، سانس روکے، گن رہی ہے رات کی گھڑیاں
اندھیرے تیر کر نکلا ہے بانکا چاند اُفق پر
مگر پنچھی، مرے پنچھی، تم اپنے پنکھ نہ بند کرنا!

نہ کوئی خوف ہے تم کو،
نہ کوئی اُنس کا بندھن
نہ ہے اُمید کوئی،
اور نہ سرگوشی نہ رونا
نہ کوئی گھر،
نہ کوئی سیج بچھی ہے
تمہارے پاس بس دو پَر ہیں، اور اک آسماں ہے
دِشا کوئی نظر آتی نہیں پر بھات کی سیاہی مَلے اس آسماں پر،
مِرے پنچھی، سنو میری، تم اپنے پنکھ نہ بند کرنا!!

SAD DAYS

Though the evening
comes with slow steps
and has signalled for
all songs to cease;
Though your companions have gone
to their nest and you are tired;
Though fear broods in the dark
and the face of the sky is veiled;
Yet, bird, O my bird,
listen to me,
do not close your wings.

That is not the gloom
of the leaves of the forest,
that is the sea swelling
like a dark black snake.
That is not the dance of
the flowering jasmine,
that is flashing foam.
Ah, where is
the sunny green shore,
where is your nest?
Bird, O my bird,
listen to me,
do not close your wings.

The lone night lies
along your path,
the dawn sleeps behind
the shadowy hills.
The stars hold their breath
counting the hours,
the feeble moon swims
the deep night.
Bird, O my bird,
listen to me,
do not close your wings.

There is no hope,
no fear for you.
There is no word,
no whisper, no cry.
There is no home,
no bed for rest.
There is only your own pair
of wings and the pathless sky.
Bird, O my bird,
listen to me,
do not close your wings.

কৃতার্থ

এখনো ভাঙে নি ভাঙে নি মেলা
নদীর তীরের মেলা।
এ শুধু আষাঢ়-মেঘের আঁধার,
এখনো রয়েছে বেলা।
ভেবেছিনু দিন মিছে গোঙালেম,
যাহা ছিল বুঝি সবই খোয়ালেম,
আছে আছে তবু, আছে ভাই, কিছু
রয়েছে বাকি।
আমারো ভাগ্যে আজ ঘটে নাই
কেবলি ফাঁকি।

বেচিবার যাহা বেচা হয়ে গেছে
কিনিবার যাহা কেনা,
আমি তো চুকিয়ে দিয়েছি নিয়েছি
সকল পাওনা দেনা।
দিন না ফুরাতে ফিরিব এখন –
প্রহরী চাহিছ পসরার পণ?
ভয় নাই ওগো, আছে আছে, কিছু
রয়েছে বাকি।
আমারো ভাগ্যে ঘটে নি ঘটে নি
কেবলি ফাঁকি।

কখন বাতাস মাতিয়া আবার
মাথায় আকাশ ভাঙে!
কখন সহসা নামিবে বাদল,
তুফান উঠিবে গাঙে!
তাই ছুটাছুটি চলিয়াছে ধেয়ে –

পারানির কড়ি চাহ তুমি নেয়ে?
কিসের ভাবনা, আছে আছে, কিছু
রয়েছে বাকি।
আমারো ভাগ্যে ঘটে নি ঘটে নি
কেবলি ফাঁকি।

ধান-খেত বেয়ে বাঁকা পথখানি,
গিয়েছে গ্রামের পারে।
বৃষ্টি আসিতে দাঁড়ায়েছিলেম
নিরালা কুটিরদ্বারে।
থামিল বাদল, চলিনু এবার –
হে দোকানি, চাও মূল্য তোমার?
ভয় নাই ভাই, আছে আছে, কিছু
রয়েছে বাকি।
আমারো ভাগ্যে ঘটে নি ঘটে নি
সকলি ফাঁকি।

পথের প্রান্তে বটের তলায়
বসে আছ এইখানে –
হায় গো ভিখারি, চাহিছ কাতরে
আমারো মুখের পানে!
ভাবিতেছ মনে বেচা-কেনা সেরে
কত লাভ করে চলিয়াছে কে রে!
আছে আছে বটে, আছে ভাই, কিছু
রয়েছে বাকি।
আমারো ভাগ্যে ঘটে নি ঘটে নি
সকলি ফাঁকি।

আঁধার রজনী, বিজন এ পথ,
জোনাকি চমকে গাছে।

কে তুমি আমার সঙ্গ ধরেছ,
নীরবে চলেছ পাছে?
এ ক'টি কড়ির মিছে ভার বওয়া,
তোমাদের প্রথা কেড়েকুড়ে লওয়া –
হবে না নিরাশ, আছে আছে, কিছু
রয়েছে বাকি।
আমারো ভাগ্যে ঘটে নি ঘটে নি
কেবলি ফাঁকি।

নিশি দু-পহর, পঁহুছিনু ঘর
দু-হাত রিক্ত করি,
তুমি আছ একা সজলনয়নে
দাঁড়ায়ে দুয়ার ধরি।

চোখে ঘুম নাই, কথা নাই মুখে,
ভীতপাখিসম এলে মোর বুকে –
আছে আছে বিধি, এখনো অনেক
রয়েছে বাকি।
আমারো ভাগ্যে ঘটে নি ঘটে নি
সকলি ফাঁকি।

میلہ

ابھی اُٹھا نہیں، اُٹھا نہیں میلہ ___

ندی تٹ پر لگا میلہ!

محض 'آساڑھ گھٹا' کا اندھیرا ہے،

ابھی تو وقت باقی ہے

مجھے ڈر تھا ___ گنوا بیٹھا مَیں دن ___

جو تھا سب کھو چُکا ہوں

ابھی کچھ ہے، مرے بھائی،

ابھی کچھ اور باقی ہے

مِری قسمت نے پھانکی تو نہیں دی ہے!

ابھی اُٹھا نہیں میلہ!

جسے کرنی تھی بِکری، کر چکا وہ

خرید کرنی ہے جس کو، کر چکا ہے

مَیں چکتا کر چکا ہوں دینا پانا

گُزر جائے نہ دن، مَیں اُس سے پہلے لوٹ جاؤں

مگر دربان کو محصول تو دینا پڑے گا

نہ گھبراؤ، ابھی کچھ ہے، ابھی کچھ اور باقی ہے

مِری قسمت نے پھانکی تو نہیں دی ہے!

ابھی اُٹھا نہیں میلہ!

نہ جانے کب ہوا بدلے،
یا ٹوٹے آسماں سر پہ،
اچانک ہی گھٹا چھائے، کوئی طوفان آجائے
مجھے جلدی ہے رات ہونے سے پہلے پار اُترنا ہے
کرایہ چاہیئے، ملّاح کیا مجھ سے؟
ارے کیوں فِکر کرتے ہو، ابھی کچھ ہے، بہت کچھ اور باقی ہے
مِری قسمت نے پھانسی تو نہیں دی ہے! ابھی اُٹھا نہیں میلہ!

وہ پگڈنڈی جو کھیتوں سے گزرتی ہے
جو گاؤں پار جاتی ہے
رُکا تھا ایک دروازے پہ، بارش آئی تھی سر پہ
گیا بادل تو پھر سے چل پڑا میں ___
کرایہ چاہیئے کیا سائباں کا!
نہ گھبراؤ، ابھی کچھ اور باقی ہے
مِری قسمت نے پھانسی تو نہیں دی ہے!
ابھی اُٹھا نہیں میلہ!

لبِ راہ پیڑ کے نیچے
بھکاری دیکھے گا موہوم سی اُمید لے کر
سمجھتا ہے، رئیس کوئی، مُنافع کر کے لوٹا ہے!
ارے بھائی، بہت کچھ اور باقی ہے،

مِری قسمت نے پھانسی تو نہیں دی ہے!
ابھی اُٹھا نہیں میلہ!

اندھیری رات میں سُنسان رستہ ـــــ
پیڑوں کے پتّوں میں جگ مگ کرتے جگنو
کہو تو، کون ہو تم جو دبے پاؤں چلے آتے ہو پیچھے
مجھے معلوم ہے، سب لُوٹ کر لینا طریقہ ہے تمہارا
تمہیں مایوسی نہ ہو گی
بہت کچھ اور باقی ہے
مِری قسمت نے پھانسی تو نہیں دی ہے!
ابھی اُٹھا نہیں میلہ!

مَیں آدھی رات جب گھر لوٹتا ہوں، ہاتھ خالی ہیں
کھڑے، دروازے پر تم منتظر ہو،
تمہاری آنکھوں سے نیند اُڑ چکی، خاموش ہو تم
ڈرے پنچھی سے، اُڑ کے سینے سے لگنا تمہارا

ارے ہے، ہے، وِدھی
بہت کچھ ہے ابھی باقی،
مِری قسمت نے پھانسی تو نہیں دی ہے!
ابھی اُٹھا نہیں میلہ!

GRATIFY

The day is not yet done,
the fair is not over,
the fair on the riverbank.
I had feared that my time
had been squandered
and my last penny lost.
But no, my brother,
I have still something left.
My fate has not
cheated me of everything.

The selling and buying are over.
All the dues on both sides
have been gathered in,
and it is time for me to go home.
But, gatekeeper, do you ask for your toll?
Do not fear, I have still something left.
My fate has not cheated me of everything.

The lull in the wind threatens storm,
and the lowering clouds
in the west bode no good.
The hushed water waits for the wind.
I hurry to cross the river
before the night overtakes me.
O ferryman, you want your fee!
Yes, brother, I have still something left.
My fate has not cheated me of everything.

In the wayside under the tree sits the beggar.
Alas, he looks at my face with a timid hope!
He thinks I am rich with the day's profit.
Yes, brother, I have still something left.
My fate has not cheated me of everything.

The night grows dark and the road lonely.
Fireflies gleam among the leaves.
Who are you that follow me
with stealthy silent steps?
Ah, I know, it is your desire to
rob me of all my gains.
I will not disappoint you!
For I still have something left,
and my fate has not
cheated me of everything.

At midnight I reach home.
My hands are empty.
You are waiting with
anxious eyes at my door,
sleepless and silent.
Like a timorous bird you fly
to my breast with eager love.
Ay, ay, my God,
much remains still.
My fate has not
cheated me of everything.

বৈরাগ্য

কহিল গভীর রাত্রে সংসারে বিরাগী –
'গৃহ তেয়াগিব আজি ইষ্টদেব লাগি।
কে আমারে ভুলাইয়া রেখেছে এখানে?'
দেবতা কহিলা, 'আমি।' – শুনিল না কানে।
সুপ্তিমগ্ন শিশুটিরে আঁকড়িয়া বুকে
প্রেয়সী শয্যার প্রান্তে ঘুমাইছে সুখে।
কহিল, 'কে তোরা ওরে মায়ার ছলনা?'
দেবতা কহিলা, 'আমি।' – কেহ শুনিল না।
ডাকিল শয়ন ছাড়ি, 'তুমি কোথা প্রভু?'
দেবতা কহিলা, 'হেথা।' – শুনিল না তবু।
স্বপনে কাঁদিল শিশু জননীরে টানি –
দেবতা কহিলা, 'ফির।' – শুনিল না বাণী।
দেবতা নিশ্বাস ছাড়ি কহিলেন, 'হায়,
আমারে ছাড়িয়া ভক্ত চলিল কোথায়?'

بیراگ

تھی آدھی رات جب وہ ہونے والا تیاگی بولا تھا:
''یہی ہے وقت جب مَیں تیاگ کر گھر بار اب بھگوان کو ڈھونڈوں
کہو تو کس نے مجھ کو آج تک روکا ہوا تھا؟''
''وہ مَیں تھا'' کان میں بھگوان بولے ___
مگر کان اُس کے بند تھے ___
لگا کر چھاتی سے بچّے کو جب سوئی ہوئی تھی پتنی اُس کی،
پلنگ کے اک کنارے پر ___
وہ پھر بولا: ''کہو تم کون ہو جس نے مجھے بہکا کے رکھا تھا؟''

کہا بھگوان نے ___ ''مَیں''
سُنی پھر اَن سُنی سی کر دی تیاگی نے
بُلایا، ''ہو کہاں بھگوان؟'' ___ کہا ! ''بدبخت''
مگر تب بھی سُنائی نہ دیا اُس کو
کسی سینے میں شاید، رَو پڑا بچّہ لِپٹ کے، ماں کی چھاتی سے
کہا بھگوان نے پھر! ''لوٹ جا''
مگر اُس کو سُنائی نہ دیا وہ بھی!

۲

بڑی لمبی سی آہ بھر کے شکایت کی:
''بھلا کیوں چھوڑ کر مجھ کو، مجھے ہی ڈھونڈتا
ہے بھگت میرا؟''

RECLUSION

At midnight the would-be ascetic announced:
'This is the time to give up
my home and seek for God.
Ah, who has held me
so long in delusion here?'
God whispered, 'I,' but
the ears of the man were stopped.
With a baby asleep at her breast lay his wife,
peacefully sleeping on one side of the bed.
The man said, 'Who are ye that have fooled me so long?'
The voice said again, 'They are God,'
but he heard it not.
The baby cried out in its dream,
nestling close to its mother.
God commanded, 'Stop, fool, leave not thy home,'
but still he heard not.
God sighed and complained,
'Why does my servant wander to seek me, forsaking me?'

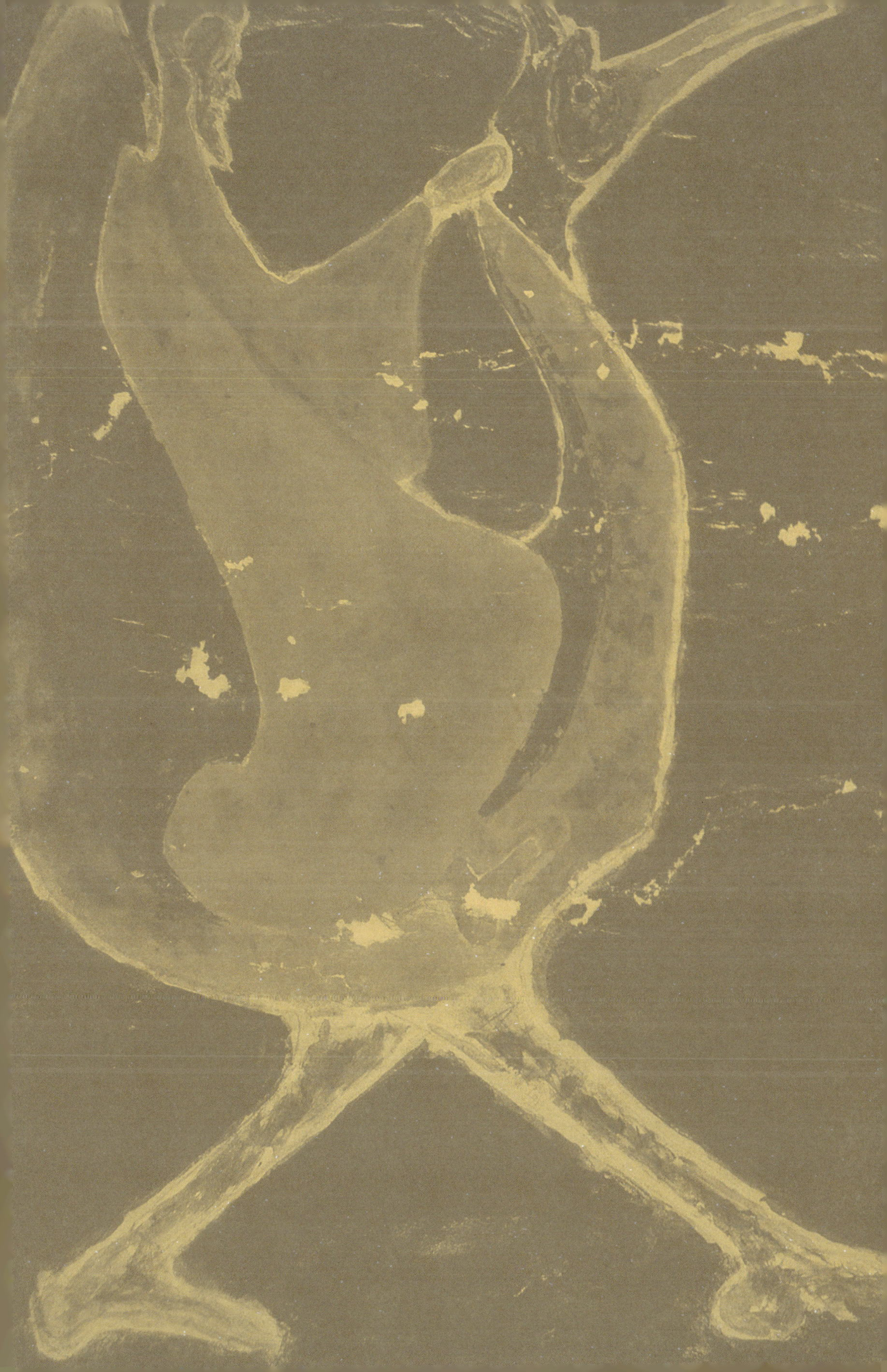

পুঁটু

চৈত্রের মধ্যাহ্নবেলা কাটিতে না চাহে।
তৃষাতুরা বসুন্ধরা দিবসের দাহে।
হেনকালে শুনিলাম বাহিরে কোথায়
কে ডাকিল দূর হতে, 'পুঁটুরানী, আয়!'
জনশূন্য নদীতটে তপ্ত দ্বিপ্রহরে
কৌতূহল জাগি উঠে স্নেহকণ্ঠস্বরে।
গ্রন্থখানি বন্ধ করি উঠিলাম ধীরে,
দুয়ার করিয়া ফাঁক দেখিনু বাহিরে।
মহিষ বৃহৎকায় কাদামাখা গায়ে
স্নিগ্ধনেত্রে নদীতীরে রয়েছে দাঁড়ায়ে।
যুবক নামিয়া জলে ডাকিছে তাহায়
স্নান করাবার তরে, 'পুঁটুরানী, আয়!'
হেরি সে যুবারে – হেরি পুঁটুরানী তারি
মিশিল কৌতুকে মোর স্নিগ্ধ সুধাবারি।

پونٹو

مہینہ چیت کا تھا اور دُو پہری، ختم ہونے میں نہ آتی تھی ___
زمیں بھی پیاس سے پھٹنے لگی تھی
ندی جانب سے اک آواز آئی تب
پُکارا تھا کسی نے ___
''پونٹُو رانی، آؤ نا ___ اِدھر آؤ!''
تپی دوپہر، ندیا کے کنارے،
مجھے حیرت ہوئی وہ سنیہہ بھری آواز سُن کر

کتابیں بند کر کے مَیں اُٹھا، کھڑکی سے جھانکا
بڑی سی بھینس اک کیچڑ میں لت پت،
ندی کے پاس رُک کر، مند مند آنکھوں سے اُس کو
دیکھتی تھی
جو گھٹنوں گھٹنوں پانی میں کھڑا ___
نہانے کے لئے آواز دیتا تھا ___
مٹھاس اک گھُل گئی دل میں، ہنسا مَیں!!

PONTU

It was in May.
The sultry noon seemed endlessly long.
The dry earth gaped with thirst in the heat.
When I heard from the riverside
a voice calling, 'Come, my darling!'
I shut my book and
opened the window to look out.
I saw a big buffalo with mud-stained hide,
standing near the river with placid,
patient eyes; and a youth,
knee-deep in water,
calling it to its bath,
I smiled amused
and felt a touch of sweetness
in my heart.

ওগো মরণ

অত চুপি চুপি কেন কথা কও
ওগো মরণ, হে মোর মরণ।
অতি ধীরে এসে কেন চেয়ে রও,
ওগো একি প্রণয়েরি ধরন।
যবে সন্ধ্যাবেলায় ফুলদল
পড়ে ক্লান্ত বৃন্তে নমিয়া,
যবে ফিরে আসে গোঠে গাভীদল
সারা দিনমান মাঠে ভ্রমিয়া,
তুমি পাশে আসি বস অচপল
ওগো অতি মৃদুগতি-চরণ।
আমি বুঝি না যে কী যে কথা কও
ওগো মরণ, হে মোর মরণ।

হায় এমনি করে কি, ওগো চোর,
ওগো মরণ, হে মোর মরণ,
চোখে বিছাইয়া দিবে ঘুমঘোর
করি হৃদিতলে অবতরণ।
তুমি এমনি কি ধীরে দিবে দোল
মোর অবশ বক্ষশোণিতে।
কানে বাজাবে ঘুমের কলরোল
তব কিঙ্কিণি-রণরণিতে?
শেষে পসারিয়া তব হিম-কোল
মোরে স্বপনে করিবে হরণ?
আমি বুঝি না যে কেন আস-যাও
ওগো মরণ, হে মোর মরণ।

কহ মিলনের এ কি রীতি এই

ওগো মরণ, হে মোর মরণ।
তার সমারোহভার কিছু নেই –
নেই কোনো মঙ্গলাচরণ?
তব পিঙ্গলছবি মহাজট
সে কি চূড়া করি বাঁধা হবে না।
তব বিজয়োদ্ধত ধ্বজপট
সে কি আগে-পিছে কেহ ববে না।
তব মশাল-আলোকে নদীতট
আঁখি মেলিবে না রাঙাবরন?
ত্রাসে কেঁপে উঠিবে না ধরাতল
ওগো মরণ, হে মোর মরণ?

যবে বিবাহে চলিলা বিলোচন
ওগো মরণ, হে মোর মরণ,
তাঁর কতমতো ছিল আয়োজন,
ছিল কতশত উপকরণ।
তাঁর লটপট করে বাঘছাল
তাঁর বৃষ রহি রহি গরজে,
তাঁর বেষ্টন করি জটাজাল
যত ভুজঙ্গদল তরজে।
তাঁর ববম্‌ববম্‌ বাজে গাল,
দোলে গলায় কপালাভরণ,
তাঁর বিষাণে ফুকারি উঠে তান
ওগো মরণ, হে মোর মরণ।

শুনি শ্মশানবাসীর কলকল
ওগো মরণ, হে মোর মরণ,
সুখে গৌরীর আঁখি ছলছল,
তাঁর কাঁপিছে নিচোলাবরণ।
তাঁর বাম আঁখি ফুরে থরথর,

তাঁর হিয়া দুরুদুরু দুলিছে,
তাঁর পুলকিত তনু জরজর,
তাঁর মন আপনারে ভুলিছে।
তাঁর মাতা কাঁদে শিরে হানি কর
খেপা বরেরে করিতে বরণ,
তাঁর পিতা মনে মানে পরমাদ
ওগো মরণ, হে মোর মরণ।

তুমি চুরি করি কেন এস চোর
ওগো মরণ, হে মোর মরণ।
শুধু নীরবে কখন নিশি-ভোর,
শুধু অশ্রু-নিঝর-ঝরন।
তুমি উৎসব করো সারারাত
তব বিজয়শঙ্খ বাজায়ে।
মোরে কেড়ে লও তুমি ধরি হাত
নব রক্তবসনে সাজায়ে।
তুমি কারে করিয়ো না দৃক্‌পাত,
আমি নিজে লব তব শরণ
যদি গৌরবে মোরে লয়ে যাও
ওগো মরণ, হে মোর মরণ।

যদি কাজে থাকি আমি গৃহমাঝ
ওগো মরণ, হে মোর মরণ,
তুমি ভেঙে দিয়ো মোর সব কাজ,
কোরো সব লাজ অপহরণ।
যদি স্বপনে মিটায়ে সব সাধ
আমি শুয়ে থাকি সুখশয়নে,
যদি হৃদয়ে জড়ায়ে অবসাদ
থাকি আধজাগরূক নয়নে,
তবে শঙ্খে তোমার তুলো নাদ

করি প্রলয়শ্বাস ভরণ –
আমি ছুটিয়া আসিব ওগো নাথ,
ওগো মরণ, হে মোর মরণ।

আমি যাব যেথা তব তরী রয়
ওগো মরণ, হে মোর মরণ,
যেথা অকূল হইতে বায়ু বয়
করি আঁধারের অনুসরণ।
যদি দেখি ঘনঘোর মেঘোদয়
দূর ঈশানের কোণে আকাশে,
যদি বিদ্যুৎফণী জ্বালাময়
তার উদ্যত ফণা বিকাশে,
আমি ফিরিব না করি মিছা ভয় –
আমি করিব নীরবে তরণ
সেই মহাবরষার রাঙা জল
ওগো মরণ, হে মোর মরণ।

اَو یم میرے

کیوں اتنے چُپکے چُپکے بات کرتے ہو
اَویم میرے، اَویم میرے____
کیوں اتنے دھیرے سے آتے ہو اور بس دیکھتے رہتے ہو مجھ کو
تمہارے چاہنے کا کیا کوئی انداز ہے یہ؟
سرِ شام تھک کے جب مُرجھانے لگ جاتے ہیں سارے پھول
مویشی لوٹتے ہیں سب چراگاہوں سے دن کے بعد،
جب اپنے ٹھِکانوں پر
مِرے پہلو میں آکر بیٹھ جاتے ہو دبے پاؤں
سمجھ آتا نہیں مجھ کو جو کہتے ہو
اَویم میرے، اَویم میرے____
او میرے چور، کیا تم اس طرح ہی
مِری آنکھوں میں بھر کے نیند
میرے دل میں اُترو گے؟
بڑے دھیرے سے تم یُوں ہی جھلا دو گے
لہو میری رگوں میں
میرے کانوں میں آکر نیند کا پھر غُل کرو گے
بجا کر پیروں میں پہنی ہوئی سنگلی
اور آخر کار اپنی برف سی آغوش میں بھر کے
چلے جاؤ گے مجھ کو خواب میں لے کر

نہیں آتا سمجھ میں کس لئے تم آتے جاتے ہو؟
اَویم میرے، اَویم میرے___
بتاؤ، کیا ملن کی رِیت ہے یہ؟___ اَویم میرے___

نہ کوئی جشن ہوگا کیا؟
نہ کوئی رسم ہوگی اِس مُبارک موقع پر بولو؟
تو پھر سنگار کب ہوگا؟
تمہارے آگے پیچھے کیا تمہارے خاکسار اِس
فتح کا پرچم نہ پکڑیں گے؟
کِنارے پر ندی کے
تمہاری مشعلیں کیا___
اپنی سُرخ آنکھیں نہ کھولیں گی؟
زمیں کیا خوف سے نہ کانپ اُٹھّے گی
اَویم میرے، اَویم میرے___
گئے تھے شِو جب اُوما سے بیاہ کرنے___ اَویم میرے___

بتاؤ کتنے بندوبست تھے
اور کتنی رسمیں تھیں___
تھیں کتنی شیر کی کھالیں
تھے کتنے بیل جو چنگھاڑتے تھے
لٹوں میں سانپ کتنے تھے، لٹکتے تھے
بہ بم بم___ بجتی تھیں گالیں

گلے میں جھُولتے زیور تھے اُن کے
گُونجتے تھے سنکھ___
اَویم میرے، اَویم میرے___
سُنائی دی تھی جے جے کار مرگھٹ سے___ اَویم میرے___

خوشی سے گوری کی بھر آئی تھیں آنکھیں___
لگی تھی کپکپی دل میں،
پھڑکنے لگ گئی تھی بائیں آنکھ اُن کی
شریر بس میں نہیں تھا، ڈولتا تھا
اُسے سُدھ ہی نہیں تھی اپنے من کی!
بِلک کر رو رہی تھی ماتا اور سَر پیٹتی تھی
سواگت کرنا تھا پاگل پتی کا
پِتا من میں پریشاں تھا
اَویم میرے، اَویم میرے___
تم ایسے چوری چوری آتے کیوں ہو؟___ اَویم میرے___

صبح کا انتظار کیوں ہے تمہیں خاموش رہ کر
فقط آنسو بہاتے ہو
مناؤ جشن ساری رات تم
بجاؤ سنکھ فتح کے
پکڑ کے ہاتھ میرا، چھین لو مجھ کو
نئی پوشاک میں مجھ کو سجا کے

کسی کی سُننا مت تم
شرن لے لوں مَیں خود تم میں
فخر کے ساتھ مجھ کو لے کے جانا
گرہستی میں بھی ، گر مصروف ہوں مَیں
اُو یم میرے، اُو یم میرے___ اُو یم میرے___

تمام کر دو مرے سب کام___
میری لاج کو اغوا کر لو___
مٹا دو خوابوں کی سب خواہشیں میری
کہ نیند آ جائے سکھ کی سیج پر مجھ کو
کھُلی رہ جائے آدھی آنکھ اور دل ڈوبتا ہو تو___
بجا کے سنکھ بھر دو موت کی سانسیں
میں خود ہی دوڑ کر آؤں
اُو یم میرے، اُو یم میرے___
مَیں جاؤں جس طرف کشتی تمہاری بہہ کے جائے___ اُو یم میرے___

جہاں پر بے کراں بہتی ہوائیں ہیں، اندھیروں میں___
نظر آئیں اگر کالی گھٹائیں___ پچھمی آکاش پر مجھ کو
اگر سانپوں کے جیسے بجلیاں لہرائیں پھن کھولیں
مَیں جھوٹے ڈر سے نہ لوٹوں___
مَیں خاموشی کے رنگین پانیوں کو پار کر جاؤں
اُو یم میرے، اُو یم میرے___!

O DEATH

Why do you whisper
so faintly in my ears,
O Death, my Death?
When the flowers
droop in the evening
and cattle come back
to their stalls,
you stealthily come
to my side
and speak words
that I do not understand.
Is this how you
must woo and win me
with the opiate of drowsy murmur
and cold kisses,
O Death, my Death?

Will there be
no proud ceremony
for our wedding?
Dress me
with a crimson mantle,
grasp my hand
and take me.
Let your chariot
be ready at my door
with your horses
neighing impatiently
Raise my veil

and look at
my face proudly
O Death, my Death?

Will you not tie up
with a wreath
your tawny coiled locks?
Is there none
to carry your banner
before you,
and will not the night
be on fire
with your red torchlights,
O Death, my Death?

Come with your
conch shells sounding,
come in the sleepless night.

ক্ষতিপূরণ

তোমার তরে সবাই মোরে
করছে দোষী
হে প্রেয়সী!
বলছে – কবি তোমার ছবি
আঁকছে গানে,
প্রণয়গীতি গাচ্ছে নিতি
তোমার কানে,
নেশায় মেতে ছন্দে গেঁথে
তুচ্ছ কথা
ঢাকছে শেষে বাংলাদেশে
উচ্চ কথা।

তোমার তরে সবাই মোরে
করছে দোষী
হে প্রেয়সী!

সে কলঙ্কে নিন্দাপঙ্কে
তিলক টানি
এলেম রানী!
ফেলুক মুছি হাস্যশুচি
তোমার লোচন
বিশ্বসুদ্ধ যতেক ক্রুদ্ধ
সমালোচন।
অনুরক্ত তব ভক্ত
নিন্দিতেরে
করো রক্ষে শীতল বক্ষে
বাহুর ঘেরে।

তাই কলঙ্কে নিন্দাপঙ্কে
তিলক টানি
এলেম রানী।

আমি নারব মহাকাব্য-
সংরচনে
ছিল মনে –
ঠেকল যখন তোমার কাঁকন-
কিংকিণীতে,
কল্পনাটি গেল ফাটি
হাজার গীতে।
মহাকাব্য সেই অভাব্য
দুর্ঘটনায়

পায়ের কাছে ছড়িয়ে আছে
কণায় কণায়।

আমি নারব মহাকাব্য-
সংরচনে
ছিল মনে।

হায় রে কোথা যুদ্ধকথা
হৈল গত
স্বপ্নমত!
পুরাণচিত্র বীরচরিত্র
অষ্ট সর্গ
কৈল খণ্ড তোমার চণ্ড
নয়ন-খড়্গ।
রইল মাত্র দিবারাত্র
প্রেমের প্রলাপ,

দিলেম ফেলে ভাবীকেলে
    কীর্তিকলাপ।

হায় রে কোথা যুদ্ধকথা
    হৈল গত
    স্বপ্নমত!

সেসব ক্ষতিপূরণ প্রতি
    দৃষ্টি রাখি
    হরিণ-আঁখি!
লোকের মনে সিংহাসনে
    নাইকো দাবি –
তোমার মনোগৃহের কোনো
    দাও তো চাবি।
মরার পরে চাই নে ওরে
    অমর হতে,
অমর হব আঁখির তব
    সুধার স্রোতে।

খ্যাতির ক্ষতিপূরণ প্রতি
    দৃষ্টি রাখি
    হরিণ-আঁখি!

تلافی

تمہاری وجہ سے الزام دیتے ہیں
سبھی مجھ کو___
مری جاں!
وہ کہتے ہیں___ کہ شاعر اپنے نغموں میں
بناتا رہتا ہے تصویر، تمہاری
تمہارے کانوں میں ہی گنگناتا ہے
نشے میں چھند بُن کر
وہ ہلکی باتیں کرتا ہے
بھلا کر سب ضروری باتیں اب بنگال کی
تمہاری وجہ سے الزام دیتے ہیں
سبھی مجھ کو___
مری جاں!

وہ سب اِلزام سر آنکھوں پہ
اور اُن کا تلک ماتھے پہ لے کر
آیا ہوں رانی!

مِٹا دو اپنی آنکھوں کی
دُھلی ستھری ہنسی سے

جہاں کے طعنے اور ناراضگی کو
تم اِس بدنام، اپنے چاہنے والے کو
اپنی بانہوں میں لے کر
لگا لو ٹھنڈے سینے سے
تبھی اِلزاموں کی کالکھ کا ماتھے پر
تلک لے کر،
چلا آیا ہوں رانی!
نہ لِکھ پاؤں گا اِک___
___مہا کاوّیہ
یہ سوچا تھا___
نہ جانے کب تمہارے پاؤں کی پائیل سے ٹکرا کر___
وہ سوچ میری، ہزاروں نغموں میں بٹ گئی ہے
مہا کاوّیہ وہ دُرگھٹنا کے کارن
تمہارے پیروں میں بِکھرا ہُوا ہے ٹکڑہ ٹکڑہ!

نہ لِکھ پاؤں گا اِک___
___مہا کاوّیہ
یہ سوچا تھا___!
کہانی یُدھ کی، اُفّ، رہ گئی___
بیتا ہُوا اِک خواب بن کر
وہ تصویریں پُرانی اور وہ کردار وِیروں کے___
گئے آٹھ آسمان پر!

رہے اب صرف دن اور رات
اور بس پریم الاپ!
وہ سارا چھوڑ آیا ہوں
کسے معلوم کل کیا ہو
کہانی یُدھ کی، اُف، رہ گئی،
بیتا ہُوا اِک خواب بن کر!

'تلافی' کے لئے اس کی
نظر رکھتا ہوں___ مِرگ نینی!

مجھے لوگوں کے دل کے
سنگھاسن پر کوئی حق تو نہیں ہے
تمہارے دل میں گر کوئی جگہ ہے تو___
تو چابی دو...
مِری خواہش نہیں ہے بعد مرنے کے امر ہونا

تمہاری آنکھ کے ساگر کی لہروں میں
اَمر ہونا ہے اب مجھ کو
ہے شہرت کی تلافی پر نظر میری___ او مِرگ نینی!

COMPENSATION

My love,
once upon a time
your poet launched
a great epic
in his mind.
Alas,
I was not careful,
and it struck
your ringing anklets
and came to grief.
It broke up into
scraps of songs
and lay scattered
at your feet.
All my cargo
of the stories
of old wars was tossed
by the laughing waves
and soaked
in tears and sank.
You must
make this
loss good to me,

my love.
If my claims
to immortal fame
after death are shattered,
make me immortal
while I live.
And I will not mourn
for my
loss nor blame you.

বিদায়রীতি

হায় গো রানী, বিদায়বাণী
এমনি করে শোনে?
ছি ছি, ওই-যে হাসিখানি
কাঁপছে আঁখিকোণে!
এতই বারে বারে কি রে
মিথ্যা বিদায় নিয়েছি রে,
ভাবছ তুমি মনে মনে
এ লোকটি নয় যাবার –
দ্বারের কাছে ঘুরে ঘুরে
ফিরে আসবে আবার।

আমায় যদি শুধাও তবে
সত্য করেই বলি –
আমারো সেই সন্দেহ হয়
ফিরে আসব চলি।
বসন্তদিন আবার আসে,
পূর্ণিমা-রাত আবার হাসে,
বকুল ফোটে রিক্ত শাখায় –
এরাও তো নয় যাবার।
সহস্র বার বিদায় নিয়ে
এরাও ফেরে আবার।

একটুখানি মোহ তবু
মনের মধ্যে রাখো,
মিথ্যেটারে একেবারেই
জবাব দিয়ো নাকো।
ভ্রমক্রমে ক্ষণেক-তরে

এনো গো জল আঁখির ’পরে
আকুল স্বরে যখন কব
'সময় হল যাবার'।
তখন নাহয় হেসো, যখন
ফিরে আসব আবার।

رُخصت

تمھاری آنکھوں میں اک مسکراہٹ سی چمکتی ہے
مَیں جب آتا ہوں، رُخصت لینے تم سے!
مَیں اتنی بار یہ دوہرا چُکا ہوں،
تمھیں لگتا ہے مَیں پھر لوٹ آؤں گا
مگر سچ یہ ہے، مجھ کو بھی یہی شک ہے!

بہاریں لوٹ آتی ہیں ہمیشہ
چلا جاتا ہے پورا چاند بھی، لیکن دوبارا لوٹ آتا ہے
گُلوں کو دیکھا ہے شاخوں پہ لوٹ آتے ہیں،
جب بھی لوٹ کر آتا ہے موسم
ہزاروں بار جا کر لوٹ آتے ہیں
یہ ہو سکتا ہے، مَیں پھر لوٹ آنے کے لئے ہی
تم سے رُخصت لے رہا ہوں
بنا رہنے دو موہ کا یہ بھرم کچھ دیر تم بھی
اُتاوَل مت کرو کچھ کہنے میں تم بھی...
ذرا سی آنکھ نم کر لو

مَیں جب آکر کہوں، ''اب مجھ کو رُخصت دو!''
مَیں جب لوٹوں تو ہنس لینا، اگر چاہو!!

FAREWELL

An unbelieving smile flits
on your eyes when I come
to you to take my leave.
I have done it so often
that you think
I will soon return.
To tell you the truth
I have the same doubt in my mind.
For the spring days
come again time after time;
the full moon takes leave
and comes on another visit,
the flowers come again
and blush upon their branches
year after year,
and it is likely that
I take my leave only
to come to you again.
But keep the illusion awhile;
do not send it away with ungentle haste.
When I say I leave you for all time,
accept it as true,
and let a mist of tears for one moment
deepen the dark rim of your eyes.
Then smile as archly as you like
when I come again.

দুর্বোধ

তুমি মোরে পার না বুঝিতে?
প্রশান্ত বিষাদভরে
দুটি আঁখি প্রশ্ন ক'রে
অর্থ মোর চাহিছে খুঁজিতে,
চন্দ্রমা যেমন ভাবে স্থিরনতমুখে
চেয়ে দেখে সমুদ্রের বুকে।
কিছু আমি করি নি গোপন।
যাহা আছে সব আছে
তোমার আঁখির কাছে
প্রসারিত অবারিত মন।
দিয়েছি সমস্ত মোর করিতে ধারণা,
তাই মোরে বুঝিতে পার না?
এ যদি হইত শুধু মণি,
শত খণ্ড করি তারে
সযত্নে বিবিধাকারে
একটি একটি করি গণি
একখানি সূত্রে গাঁথি একখানি হার
পরাতেম গলায় তোমার।
এ যদি হইত শুধু ফুল,
সুগোল সুন্দর ছোটো,
উষালোকে ফোটো-ফোটো,
বসন্তের পবনে দোদুল,
বৃন্ত হতে সযতনে আনিতাম তুলে –
পরায়ে দিতেম কালো চুলে।
এ যে সখী, সমস্ত হৃদয়।

কোথা জল, কোথা কূল,
দিক হয়ে যায় ভুল,
অন্তহীন রহস্যনিলয়।
এ রাজ্যের আদি অন্ত নাহি জান রানী –
এ তবু তোমার রাজধানী।
কী তোমারে চাহি বুঝাইতে?
গভীর হৃদয়-মাঝে
নাহি জানি কী যে বাজে
নিশিদিন নীরব সংগীতে –
শব্দহীন স্তব্ধতায় ব্যাপিয়া গগন
রজনীর ধ্বনির মতন।
এ যদি হইত শুধু সুখ,
কেবল একটি হাসি
অধরের প্রান্তে আসি
আনন্দ করিত জাগরূক।
মুহূর্তে বুঝিয়া নিতে হৃদয়বারতা,
বলিতে হত না কোনো কথা।
এ যদি হইত শুধু দুখ,
দুটি বিন্দু অশ্রুজল
দুই চক্ষে ছলছল,
বিষণ্ন অধর, ম্লান মুখ,
প্রত্যক্ষ দেখিতে পেতে অন্তরের ব্যথা,
নীরবে প্রকাশ হত কথা।
এ যে সখী, হৃদয়ের প্রেম,
সুখদুঃখবেদনার
আদি অন্ত নাহি যার –
চিরদৈন্য চিরপূর্ণ হেম।
নব নব ব্যাকুলতা জাগে দিবারাতে,

তাই আমি না পারি বুঝাতে।
নাই বা বুঝিলে তুমি মোরে!
চিরকাল চোখে চোখে
নূতন নূতনালোকে
পাঠ করো রাত্রি দিন ধরে।
বুঝা যায় আধো প্রেম, আধখানা মন –
সমস্ত কে বুঝেছে কখন?

اُداسی

سمجھ پاتی نہیں ہو تم مجھے
بڑی چپ چاپ اُداسی سے بھری آنکھیں تمہاری پوچھتی ہیں
کہ جیسے چاند اک ٹک دیکھا کرتا ہے سمندر کو!

چھپایا کچھ نہیں مَیں نے ___ جو ہے سو ہے،
تمہارے سامنے ہے ___ تمہاری آنکھوں میں
سب کچھ کھُلا رکھا ہوا ہے ___ اِس اُفق سے اُس اُفق تک!
تبھی شاید سمجھ پاتیں نہیں مجھ کو ___ فقط موتی ہی ہوتا گر مِرا مَن
مَیں سو ٹکڑوں میں اُس کو توڑ دیتا ___ پروتا ایک ہی دھاگے میں اُن کو
بنا کر ہار پہنا تا گلے میں!

اگر ننھا سا کوئی پھول ہوتا، ___ صُبح کی روشنی میں کھلنے والا ہو
بسنت رُت کی ہوا میں جھولتا ہو ___ اُسے میں توڑ لیتا اور سجاتا
تمہارے بالوں میں اُس کو ___ مگر یہ دِل ہے، پرے دل
کہاں گہرائی اِس کی، اور کہاں ساحل
ہیں لامحدود سب اِسرار اِس کے،
کہیں اِس سلطنت کی حد نہیں ہے
مگر یہ دِل تمہاری راجدھانی ہے
وہ کیا ہے؟ چاہتا ہوں تم کو سمجھاؤں
وہ اِک آواز ہے جو دل کی گہرائی سے آتی ہے

صبح وشام ایک خاموشی کی دُھن

بِنا الفاظ خاموشی میں ڈوبا آسماں، ___ ہے رات کی آواز کی مانند!
اِسی میں گر مزا لیتے ___ لبوں پر اک ہنسی ہوتی
مزے سے جاگتے رہتے
بس اک پل میں سمجھ جاتے
ضرورت بھی نہ ہوتی کہنے کی کچھ بھی

اِسی میں درد ہوتا تو،
چھلکتی آنکھوں سے دو بُوندیں بہہ جاتیں
اُداسی دیکھ کر چہرے کی کھُل جاتا، ___ جو دَرد اندر ہوتا ہے
بنا کچھ بھی کہے سب دیکھ لیتے

مگر یہ دل ہے، پرے دل
یہاں پہ درد اور دُکھ سُکھ
ہمیشہ کا خزانہ ہے
نئی بے چینیاں دن رات اُٹھتی ہیں
تبھی سمجھا نہیں پاتا میں تم کو
نہیں مجھے تو کیا؟

یہ آنکھوں میں جو ہر وقت،
اِک چمک رہتی ہے، وہ محسوس کر لو
سمجھ لو پریم آدھا، اور آدھا دل
کہ پورا کون، کب سمجھا ہے آخر!!

TICKLISH

Your questioning eyes are sad.
They seek to know my meaning
as the moon would fathom the sea.
I have bared my life before
your eyes from end to end,
with nothing hidden or held back.
That is why you know me not.
If it were only a gem
I could break it
into a hundred pieces
and string them
into a chain
to put on your neck.
If it were only a flower,
round and small and sweet,
I could pluck it from its stem
to set it in your hair
But it is a heart,
my beloved.
Where are its shores
and its bottom?
You know not
the limits of this kingdom,
still you are its queen.
If it were only a moment
of pleasure it would flower
in an easy smile,

and you could see it
and read it in a moment.
If it were merely a pain
it would melt in limpid tears,
reflecting its inmost secret
without a word.
But it is love,
my beloved.
Its pleasure and
pain are boundless,
and endless its wants and wealth.
It is as near to you as your life,
but you can never wholly know it.

হৃদয়-আকাশ

আমি ধরা দিয়েছি গো আকাশের পাখি,
নয়নে দেখেছি তব নূতন আকাশ।
দুখানি আঁখির পাতে কী রেখেছ ঢাকি,
হাসিলে ফুটিয়া পড়ে উষার আভাস।
হৃদয় উড়িতে চায় হোথায় একাকী
আঁখি-তারকার দেশে করিবারে বাস।
ঐ গগনেতে চেয়ে উঠিয়াছে ডাকি,
হোথায় হারাতে চায় এ গীত-উচ্ছ্বাস।
তোমার হৃদয়াকাশ অসীম বিজন –
বিমল নীলিমা তার শান্ত সুকুমার,
যদি নিয়ে যাই ওই শূন্য হয়ে পার
আমার দুখানি পাখা কনক বরন।
হৃদয় চাতক হয়ে চাবে অশ্রুধার,
হৃদয় চকোর চাবে হাসির কিরণ।

آکاش

آکاش کے پنچھی، مَیں نے دیکھا ہے
نینوں میں آکاش نیا
دو آنکھوں کی -ں میں کیا ڈھانپ کے رکھّا ہے
ہنستے ہی صبح کی لالی پھوٹنے لگتی ہے
دل چاہتا ہے اُڑ جائے اکیلا
نینوں کے دیش میں جا کے رہے
اُسی گگن کو دیکھا اور پُکار سُنی
وہیں پہ سارے نغمے سونپ دو

خالی ہے بے انت یہ دل آکاش تمہارا
کتنا سُکوں ہے اس کی پاک نیلاہٹ میں
اُس پار اگر اُڑ جاؤں خلا میں
اپنے سُنہری پنکھ لئے____!
شاید آنسو بھر لے چکور!
شاید ہنسی کی کرنیں بھر لے!!

HEART LIKE SKY

My heart,
the bird of the wilderness,
has found its sky in your eyes.
They are the cradle
of the morning,
they are the kingdom of the stars.
My songs are lost in their depths.
Let me but soar in that sky,
in its lonely immensity.
Let me but cleave
its clouds and spread wings
in its sunshine.

স্পর্ধা

সে আসি কহিল, 'প্রিয়ে, মুখ তুলি চাও।'
দূষিয়া তাহারে রুষিয়া কহিনু, 'যাও!'
সখী ওলো সখী, সত্য করিয়া বলি,
তবু সে গেল না চলি।

দাঁড়ালো সমুখে; কহিনু তাহারে, 'সরো!'
ধরিল দু হাত; কহিনু, 'আহা কী কর!'
সখী ওলো সখী, মিছে না কহিব তোরে,
তবু ছাড়িল না মোরে।

শ্রুতিমূলে মুখ আনিল সে মিছিমিছি;
নয়ন বাঁকায়ে কহিনু তাহারে, 'ছি ছি!'
সখী ওলো সখী, কহিনু শপথ ক'রে
তবু সে গেল না সরে।

অধরে কপোল পরশ করিল তবু;
কাঁপিয়া কহিনু, 'এমন দেখি নি কভু!'
সখী ওলো সখী, একি তার বিবেচনা,
তবু মুখ ফিরালো না।

আপন মালাটি আমারে পরায়ে দিল –
কহিনু তাহারে, 'মালায় কী কাজ ছিল!'
সখী ওলো সখী, নাহি তার লাজ ভয়,
মিছে তারে অনুনয়।

আমার মালাটি চলিল গলায় লয়ে,
চাহি তার পানে রহিনু অবাক হয়ে।
সখী ওলো সখী, ভাসিতেছি আঁখিনীরে –
কেন সে এল না ফিরে!

اُس نے کہا، ''چہرہ اُٹھا کر دیکھو پرے''
ڈانٹ دیا تھا مَیں نے، ''جاؤ''
سکھی او سکھی، مَیں سچ بتلاؤں___ اُس پر بھی وہ گیا نہیں!
سامنے کھڑا ہوا تو مَیں نے کہا کہ، ''ہٹو''
تھامے میرے ہاتھ مَیں بولی، ''کیا کرتے ہو؟''
سکھی او سکھی،___ پھر بھی اُس نے چھوڑا نہیں!!

جھوٹ موٹ مُنہ میرے کانوں تک لایا

گھور کے مَیں نے کہا بھی ''چھی چھی''
سکھی او سکھی، مَیں کہوں قسم سے___ پھر بھی پیچھے ہٹا نہیں وہ___
ہونٹوں سے میرے گالوں کو چوما
کانپ گئی مَیں___ ''ایسا کبھی دیکھا نہیں تھا''
سکھی او سکھی،___ پھر بھی اُس نے مُنہ نہیں موڑا

اپنی مالا ڈال دی مجھ کو___
مَیں تب بھی بولی ... ''مالا کا کیا کام ہے اس میں؟''
سکھی او سکھی___ لیکن اُس کو، لاج نہ ڈر
میرے گلے کی مالا لے کر، چلا گیا وہ___ مَیں حیرت سے تکتی رہ گئی
سکھی او سکھی___ آنکھوں سے آنسو بہتے ہیں
وہ لوٹ کے پھر کیوں آیا نہیں!!

COMPETITION

He whispered,
'My love, raise your eyes.'
I sharply chid him,
and said, 'Go!';
but he did not stir.
He stood before me
and held both my hands.
I said, 'Leave me!';
but he did not go.

He brought his face near my ear.
I glanced at him and said,
'What a shame!';
but he did not move.
His lips touched my cheek.
I trembled and said,
'You dare too much';
but he had no shame.

He put a flower in my hair.
I said, 'It is useless!';
but he stood unmoved.
He took the garland
from my neck and went away.
I weep and ask my heart,
'Why does he not come back?'

দুই বোন

দুটি বোন তারা হেসে যায় কেন
যায় যবে জল আনতে?
দেখেছে কি তারা পথিক কোথায়
দাঁড়িয়ে পথের প্রান্তে?
ছায়ায় নিবিড় বনে
যে আছে আঁধার কোণে
তারে যে কখন কটাক্ষে চায়
কিছু তো পারি নে জানতে।
দুটি বোন তারা হেসে যায় কেন
যায় যবে জল আনতে?

দুটি বোন তারা করে কানাকানি
কী না জানি জল্পনা!
গুঞ্জনধ্বনি দূর হতে শুনি,
কী গোপন মন্ত্রণা!
আসে যবে এইখানে
চায় দোঁহে দোঁহাপানে,
কাহারো মনের কোনো কথা তারা
করেছে কি কল্পনা?
দুটি বোন তারা করে কানাকানি
কী না জানি জল্পনা!

এইখানে এসে ঘট হতে কেন
জল উঠে উচ্ছলি?
চপল চক্ষে তরল তারকা
কেন উঠে উজ্জ্বলি?
যেতে যেতে নদীপথে

জেনেছ কি কোনোমতে
কাছে কোথা এক আকুল হৃদয়
দুলে উঠে চঞ্চলি?
এইখানে এসে ঘট হতে জল
কেন উঠে উচ্ছলি?

দুটি বোন তারা হেসে যায় কেন
যায় যবে জল আনতে?
বটের ছায়ায় কেহ কি তাদের
পড়েছে চোখের প্রান্তে?
কৌতুকে কেন ধায়
সচকিত দ্রুত পায়?
কলসে কাঁকন ঝলকি ঝনকি
ভোলায় রে দিক্‌ভ্রান্তে।
দুটি বোন তারা হেসে যায় কেন
যায় যবে জল আনতে?

دو بہنیں

وہ دو بہنیں ہنستی ہوئی کیوں آتی ہیں

جب پانی بھرنے آتی ہیں____

کیا رستے کے پار کوئی

راہگیر کھڑا دیکھا ہے؟

پیڑوں کی گھنی چھاؤں کے نیچے، کونے میں

کب دیکھتی ہیں، کنکھیوں سے

وہ پتہ نہیں چلتا

وہ دو بہنیں ہنستی ہوئی کیوں آتی ہیں

جب پانی بھرنے آتی ہیں____

دونوں بہنیں جانے کیا

سرگوشیاں کرتی ہیں

دُور تلک سرگوشیوں کی

اِک گُونج سُنائی دیتی ہے

یہیں پہ آکر، دونوں طرف

دونوں دیکھتی ہیں

دونوں کسی کے من کی بات،

سوچ رہی ہیں کیا؟

دونوں بہنیں جانے کیا

سرگوشیاں کرتی ہیں!

یہیں پہ آ کر کیوں کلسی کا
پانی چھلک اُٹھتا ہے؟
کیوں آنکھوں میں تارے پگھل کے چمک اُٹھتے ہیں
ندی کنارے جاتے جاتے
کیا وہ جان گئی ہیں
پاس ہی بے چینی سے کوئی
دِل دھڑکتا ہے
یہیں پہ آ کر کیوں کلسی کا
پانی چھلک اُٹھتا ہے؟

وہ دو بہنیں ہنستی ہوئی کیوں آتی ہیں
جب پانی بھرنے آتی ہیں____
برگد کی چھاؤں کے تلے
کوئی نظر آیا ہے کیا؟

کیوں تیز قدم چل دیتی ہیں چونکی سی
کلسی کھنک کے چھلک اُٹھتی ہے

کوئی راہ بھٹک جاتا ہے
وہ دو بہنیں ہنستی ہوئی کیوں آتی ہیں
جب پانی بھرنے آتی ہیں____!!

TWO SISTERS

When the two sisters
go to fetch water,
they come to this spot
and they smile.
They must be
aware of somebody
who stands behind the trees
whenever they
go to fetch water.

The two sisters
whisper to each other
when they pass this spot.
They must have
guessed the secret
of that somebody
who stands behind
the trees whenever they
go to fetch water.

Their pitchers lurch suddenly,
and water spills
when they reach this spot.
They must have found out
that somebody's heart is beating
who stands behind the trees
whenever they go to fetch water.

The two sisters glance
at each other
when they come
to this spot,
and they smile.
There is a laughter
in their swift-stepping feet,
which makes confusion
in somebody's mind
who stands behind the trees
whenever they
go to fetch water.

ছলনা

তোমারে পাছে সহজে বুঝি
তাই কি এত লীলার ছল,
বাহিরে যবে হাসির ছটা
ভিতরে থাকে আঁখির জল।
বুঝি গো আমি বুঝি গো তব
ছলনা,
যে কথা তুমি বলিতে চাও
সে কথা তুমি বল না।

তোমারে পাছে সহজে ধরি
কিছুরই তব কিনারা নাই –
দশের দলে টানি গো পাছে
বিরূপ তুমি, বিমুখ তাই।
বুঝি গো আমি বুঝি গো তব
ছলনা,
যে পথে তুমি চলিতে চাও
সে পথে তুমি চল না।

সবার চেয়ে অধিক চাহ
তাই কি তুমি ফিরিয়া যাও –
হেলার ভরে খেলার মতো
ভিক্ষাঝুলি ভাসায়ে দাও।
বুঝেছি আমি বুঝেছি তব
ছলনা,
সবার যাহে তৃপ্তি হল
তোমার তাহে হল না।

بہانے

کہیں آسانی سے مَیں جان نہ جاؤں ___ مجھے بہلاتی رہتی ہو!
مجھے چندھیا کے بوچھاروں سے تم اپنی ہنسی کی ___ چھُپا لیتی ہو آنسُو
مجھے معلوم ہے، مَیں جانتا ہوں سب بہانے
جو کہنا ہے نہیں کہتیں کبھی تم

کہیں نہ سامنا ہو جائے مجھ سے
ہزاروں طرح سے کتراتی ہو مجھ سے
تمہارے پاس آ جاؤں نہ لوگوں مَیں
الگ ہو کر کھڑی رہتی ہو، یہ بھی جانتا ہوں
مجھے معلوم ہیں ساری ادائیں
کبھی جاتیں نہیں اُس راستے سے، جس سے جانا چاہتی ہو

زیادہ چاہتی ہو دوسروں سے تم
تبھی کیا لوٹ جاتی ہو؟
جو لے لیتی ہو، لاپرواہی سے، بکھرا بھی دیتی ہو
کہ جیسے کھیل ہے کوئی!

سمجھتا ہوں تمہارے سب بہانے
جو سب کو اچھّا لگتا ہے
تمہیں بس اُتنا سا اچھّا نہیں لگتا!!

UNTITLED

Lest I should know you too easily,
you play with me.
You blind me with
flashes of laughter
to hide your tears.
I know, I know your art.
You never say
the word you would.

Lest I should not prize you,
you elude me in a thousand ways.
Lest I should confuse
you with the crowd,
you stand aside.
I know, I know your art,
You never walk the path you would.

Your claim is more than that of others,
that is why you are silent.
With playful carelessness
you avoid my gifts.
I know, I know your art,
You never will take what you would.

ক্ষণেক দেখা

চলেছিলে পাড়ার পথে
কলস লয়ে কাঁখে,
একটুখানি ফিরে কেন
দেখলে ঘোমটা-ফাঁকে?
ওইটুকু যে চাওয়া
দিল একটু হাওয়া
কোথা তোমার ও পার থেকে
আমার এ পার-'পরে।
অতি দূরের দেখাদেখি
অতি ক্ষণেক-তরে।

আমি শুধু দেখেছিলেম
তোমার দুটি আঁখি –
ঘোমটা-ফাঁদা আঁধার-মাঝে
ত্রস্ত দুটি পাখি।
তুমি এক নিমিখে
চেয়ে আমার দিকে
পথের একটি পথিকেরে
দেখলে কতখানি
একটুমাত্র কৌতূহলে
একটি দৃষ্টি হানি?

যেমন ঢাকা ছিলে তুমি
তেমনি রইলে ঢাকা,
তোমার কাছে যেমন ছিনু

তেমনি রইনু ফাঁকা!
তবে কিসের তরে
থামলে লীলাভরে
যেতে যেতে পাড়ার পথে
কলস লয়ে কাঁখে?
একটুখানি ফিরে কেন
দেখলে ঘোমটা-ফাঁকে?

ایک نظر

گلی سے گُزری تھیں جب تُم
کوٹھے پہ گلسی لئے ہوئے
تُم نے اچانک مُڑ کے کیوں
گھونگٹ کی آڑ سے دیکھا تھا؟

وہ ایک نظر اُچٹتی سی
جھونکے کی طرح چھُو کر گزری
اُس پار سے کچھ کہا تُم نے
اُس پار جو مجھ تک پہنچی ہے
دُور دُور سے دیکھنا یُوں
بس ایک سرکتے پل کے لئے

مَیں نے تو دیکھی تھیں
دو تمہاری آنکھیں فقط
گھونگٹ کی پرچھائیں میں
جیسے دو سہمے پنچھی

نیم نظر سے، دیکھ کے مجھ کو
کتنی دیر اِک رستے کے
راہگیر کو تم نے دیکھا تھا
ایک ذرا سی بے چینی
ایک ذرا سی نیم نظر

جتنی ڈھکی چھُپی تھیں تم
اتنی ہی ڈھکی چھپی ہی رہیں
جتنا بے خود دیکھا تھا مجھے
اُتنا ہی مَیں بے خود رہا
کیا سوچ کے پھر تم نے
روک دیا سب کچھ

گلی سے گُزری تھیں جب تُم
کولھے پہ کلسی لئے ہوئے
تُم نے اچانک مُڑ کے کیوں
گھونگٹ کی آڑ سے دیکھا تھا؟

WATCH FOR A MOMENT

You walked by the riverside path
with the full pitcher upon your hip.
Why did you swiftly turn your face
and peep at me through
your fluttering veil?
That gleaming look from the dark
came upon me like a breeze
that sends a shiver through
the rippling water and sweeps away
to the shadowy shore.
It came to me like the bird
of the evening that hurriedly flies
across the lampless room
from the one open window
to the other,
and disappears in the night.
You are hidden as a star behind the hills,
and I am a passer-by upon the road.
But why did you stop for a moment
and glance at my face
through your veil
while you walked by the riverside path
with the full pitcher upon your hip?

অঞ্চলের বাতাস

পাশ দিয়ে গেল চলি চকিতের প্রায়,
অঞ্চলের প্রান্তখানি ঠেকে গেল গায়,
শুধু দেখা গেল তার আধখানি পাশ –
শিহরি পরশি গেল অঞ্চলের বায়।
অজানা হৃদয়-বনে উঠেছে উচ্ছ্বাস,
অঞ্চলে বহিয়া এল দক্ষিণ বাতাস,
সেথা যে বেজেছে বাঁশি তাই শুনা যায়,
সেথায় উঠিছে কেঁদে ফুলের সুবাস।
কার প্রাণখানি হতে করি হায় হায়
বাতাসে উড়িয়া এল পরশ-আভাস।
ওগো কার তনুখানি হয়েছে উদাস।
ওগো কে জানাতে চাহে মরম বারতা।
দিয়ে গেল সর্বাঙ্গের আকুল নিশ্বাস,
বলে গেল সর্বাঙ্গের কানে কানে কথা॥

آنچل

وہ اس تیزی سے میرے پاس سے گُزری
بدن سے چھُو گیا تھا اُس کا آنچل
وہ آدھی ہی نظر آئی تھی مجھ کو
ہوا میں جھرجھری سی دوڑی آنچل سے

اک انجانی سی خواہش جاگی دِل میں
جو اُڑ کے آئی پُروَیی، اُس کے آنچل سے
بجا چُوڑا تو ہنسی کی صدا آئی
سُنیں خوشبو کی آہیں
نہ جانے جان جائے، کس کی ہائے
ہوا جو لمس کا احساس لے کر اُڑ گئی ہے

اوگو____ کسی کا جی اُداس ہونے لگا ہے
اوگو____ کسی کو تیرے بارے جاننے کی آرزُو ہے
بدن میں بھر گیا ہے کوئی لمبی لمبی سانسیں
کوئی سارے بدن میں بھر گیا سرگوشیاں!!

FRINGE BREEZE

When she passed by me
with quick steps,
the end of her skirt
touched me.
From the unknown island
of a heart came
a sudden warm
breath of spring.
A flutter of a flitting touch
brushed me and vanished
in a moment,
like a torn flower petal
blown in the breeze.
It fell upon my heart
like a sigh of her body
and whisper of her heart.

লীলা

কেন বাজাও কাঁকন কনকন, কত
ছলভরে!
ওগো, ঘরে ফিরে চলো, কনককলসে
জল ভরে।
কেন জলে ঢেউ তুলি ছলকি ছলকি
কর খেলা,
কেন চাহ খনে খনে চকিত নয়নে
কার তরে
কত ছলভরে!

হেরো যমুনা-বেলায় আলসে হেলায়
গেল বেলা,
যত হাসিভরা ঢেউ করে কানাকানি
কলস্বরে
কত ছলভরে।
হেরো নদীপরপারে গগনকিনারে
মেঘমেলা,
তারা হাসিয়া হাসিয়া চাহিছে তোমারি
মুখ-'পরে
কত ছলভরে।

جھوٹ موٹ

جھوٹ موٹ ہی کیوں کنگن کھنکاتی ہو
کلسی بھرو اور گھر کو لوٹو
کیوں لہریں چھلکاتی ہو یُوں کھیل کھیل میں
بیچ بیچ میں کیوں آنکھیں جھپکا کے دیکھتی ہو؟
کِس کی طرف؟ ____
یُوں جھوٹ موٹ ہی؟

ہیں رے ____
جمنا کنارے آلس ہی میں وقت نکل جاتا ہے
ہنستی ہیں لہریں، اور کن گوشیاں کرتی ہیں
سرگوشیوں میں
سب جھوٹ موٹ ہی؟

ہیں رے ____
ندیا کے پار آسمان میں میگھ بھرے ہیں
ہنس ہنس کے سب دیکھتے ہیں تم کو ____ کلموئی
سب جھوٹ موٹ ہی؟

LEELA

Why do you sit there
and jingle your bracelets
in mere idle sport?
Fill your pitcher.
It is time for you to come home.

Why do you stir the water
with your hands
and fitfully glance
at the road for someone
in mere idle sport?
Fill your pitcher and come home.

The morning hours pass by –
the dark water flows on.
The waves are laughing
and whispering to each other
in mere idle sport.

The wandering clouds
have gathered at the edge of the sky
on yonder rise of the land.
They linger and look at your face
and smile in mere idle sport.
Fill your pitcher and come home.

বিরহ

তুমি যখন চলে গেলে
তখন দুই-পহর –
সূর্য তখন মাঝ-গগনে,
রৌদ্র খরতর।
ঘরের কর্ম সাঙ্গ করে
ছিলেম তখন একলা ঘরে,
আপন-মনে বসে ছিলেম
বাতায়নের 'পর।
তুমি যখন চলে গেলে
তখন দুই-পহর।

চৈত্র মাসের নানা খেতের
নানা গন্ধ নিয়ে
আসতেছিল তপ্ত হাওয়া
মুক্ত দুয়ার দিয়ে।
দুটি ঘুঘু সারাটা দিন
ডাকতেছিল শ্রান্তিবিহীন,
একটি ভ্রমর ফিরতেছিল
কেবল গুন্‌গুনিয়ে
চৈত্র মাসের নানা খেতের
নানা বার্তা নিয়ে।

তখন পথে লোক ছিল না,
ক্লান্ত কাতর গ্রাম।
ঝাউশাখাতে উঠতেছিল
শব্দ অবিশ্রাম।

আমি শুধু একলা প্রাণে
অতি সুদূর বাঁশির তানে
গেঁথেছিলেম আকাশ ভ'রে
একটি কাহার নাম।
তখন পথে লোক ছিল না,
ক্লান্ত কাতর গ্রাম।

ঘরে ঘরে দুয়ার দেওয়া,
আমি ছিলেম জেগে –
আবাঁধা চুল উড়তে ছিল
উদাস হাওয়া লেগে।
তটতরুর ছায়ার তলে
ঢেউ ছিল না নদীর জলে,
তপ্ত আকাশ এলিয়ে ছিল
শুভ্র অলস মেঘে।
ঘরে ঘরে দুয়ার দেওয়া,
আমি ছিলেম জেগে।

তুমি যখন চলে গেলে
তখন দুই-পহর,
শুষ্ক পথে দগ্ধ মাঠে
রৌদ্র খরতর।
নিবিড়-ছায়া বটের শাখে
কপোত দুটি কেবল ডাকে
একলা আমি বাতায়নে –
শূন্য শয়ন-ঘর।
তুমি যখন গেলে তখন
বেলা দুই-পহর।

برہا

دوپہر تھی جب تم چلے گئے
سُورج سر پہ تھا اور دُھوپ کڑک تھی
کام کاج سمیٹ کے سارے
اَن منی سی بیٹھی ہوئی تھی ___ کھڑکی پر ___
دوپہر تھی جب تم چلے گئے

چیت مہینے کی فصلوں سے
کئی طرح کی خوشبو لے کر ___ بہہ رہی تھی گرم ہوا
سامنے کے دروازے سے
اِک جوڑی گھگھوؤں کی دن بھر
بے ٹوک ہی بول رہی تھی
بھنورا اِک بھنوراتا ہُوا ___ گُن گُن کرتا،
چیت مہینے کی فصلوں کی باتیں کرتا تھا

رستے پر جب کوئی نہیں تھا
گاؤں سارا تھکا ماندہ تھا
'جھاؤ' کی شاخوں سے سرّاتی آوازیں آتی تھیں
اور اکیلی بیٹھی مَیں
دُور کسی بنسی کی دُھن پر

نام کسی کا گُوندھ رہی تھی
رستے پر تب کوئی نہیں تھا
گاؤں سارا تھکا ہوا تھا

گھر گھر کے دروازے بند تھے
اور مَیں جاگ رہی تھی
بال کھلے اُداس ہوا میں بکھر رہے تھے
ندی کنارے پیڑ کی چھایا پر کوئی بھی لہر نہیں تھی
ہلکے سست بادل کے پیچھے
تپا ہُوا آکاش پڑا تھا
گھر گھر کے دروازے بند تھے
اور مَیں جاگ رہی تھی

دوپہر تھی جب تم چلے گئے
سُوکھے رستے کی جلتی مٹّی پر
دُھوپ سُلگ رہی تھی
ٹھنڈی گھنی چھاؤں کے تلے برگد کی
جوڑی ایک کبوتر کی، غٹر رہی تھی

اور اکیلی بیٹھی مَیں
سُونے کمرے کی کھڑکی پر
جب تم چلے گئے تھے ____ دوپہر کی بیلا تھی!

SEPARATION

It was midday when you went away.
The sun was strong in the sky.
I had done my work and sat alone
on my balcony when you went away.

Fitful gusts came winnowing
through the smells of many distant fields.
The doves cooed tireless in the shade,
and a bee strayed in my room humming
the news of many distant fields.

The village slept in the noonday heat.
The road lay deserted.
In sudden fits the rustling
of the leaves rose and died.
I gazed at the sky and
wove in the blue the letters
of a name I had known,
while the village slept
in the noonday heat.
I had forgotten to braid my hair.
The languid breeze played
with it upon my cheek.
The river ran unruffled
under the shady bank.

The lazy white clouds did not move.
I had forgotten to braid my hair.

It was midday when you went away.
The dust of the road was hot
and the fields panting.
The doves cooed among the dense leaves.
I was alone in my balcony
when you went away.

ভর্ৎসনা

মিথ্যা আমায় কেন শরম দিলে
চোখের চাওয়া নীরব তিরস্কারে!
আমি তোমার পাড়ার প্রান্ত দিয়ে
চলেছিলেম আপন গৃহদ্বারে
যেথা আমার বাঁধা ঘাটের কাছে
দুটি চাঁপায় ছায়া করে আছে,
জামের শাখা ফলে-আঁধার-করা
স্বচ্ছগভীর পদ্মদিঘির ধারে।
তুমি আমায় কেন শরম দিলে
চোখের চাওয়া নীরব তিরস্কারে!

আজ তো আমি মাটির পানে চেয়ে
দীনবেশে যাই নি তোমার ঘরে।
অতিথ হয়ে দিই নি দ্বারে সাড়া,
ভিক্ষাপাত্র নিই নি কাতর-করে।
আমি আমার পথে যেতে যেতে
তোমার ঘরের দ্বারের বাহিরেতে
ঘনশ্যামল তমাল-তরুমূলে
দাঁড়িয়েছি এই দণ্ড-দুয়ের তরে।
নতশিরে দুখানি হাত জুড়ি
দীনবেশে যাই নি তোমার ঘরে।

আমি তোমার ফুল্ল পুষ্পবনে
তুলি নাই তো যূথীর একটি দল।
আমি তোমার ফলের শাখা হতে
ক্ষুধাভরে ছিঁড়ি নাই তো ফল।

আছি শুধু পথের প্রান্তদেশে
দাঁড়ায় যেথা সকল পান্থ এসে,
নিয়েছি এই শুধু গাছের ছায়া –
পেয়েছি এই তরুণ তৃণতল।
আমি তোমার ফুল্ল পুষ্পবনে
তুলি নাই তো যূথীর একটি দল।

শ্রান্ত বটে আছে চরণ মম,
পথের পঙ্ক লেগেছে দুই পায়।
আষাঢ়-মেঘে হঠাৎ এল ধারা
আকাশ-ভাঙা বিপুল বরষায়।
ঝোড়ো হাওয়ার এলোমেলো তালে
উঠল নৃত্য বাঁশের ডালে ডালে,
ছুটল বেগে ঘন মেঘের শ্রেণী
ভগ্নরণে ছিন্নকেতুর প্রায়।
শ্রান্ত বটে আছে চরণ মম,
পথের পঙ্ক লেগেছে দুই পায়।

কেমন করে জানব মনে আমি
কী যে আমায় ভাবলে মনে মনে।
কাহার লাগি একলা ছিলে বসে
মুক্তকেশে আপন বাতায়নে।
তড়িৎশিখা ক্ষণিক দীপ্তালোকে
হানতেছিল চমক তোমার চোখে,
জানত কে বা দেখতে পাবে তুমি
আছি আমি কোথায় যে কোন্ কোণে।
কেমন করে জানব মনে আমি
আমায় কী যে ভাবলে মনে মনে।

বুঝি গো দিন ফুরিয়ে গেল আজি,
এখনো মেঘ আছে আকাশ ভরে।
থেমে এল বাতাস বেণুবনে,
মাঠের 'পরে বৃষ্টি এল ধরে।
তোমার ছায়া দিলেম তবে ছাড়ি,
লও গো তোমার ভূমি-আসন কাড়ি,
সন্ধ্যা হল – দুয়ার করো রোধ,
যাব আমি আপন পথ-'পরে।
বুঝি গো দিন ফুরিয়ে গেল আজি,
এখনো মেঘ আছে আকাশ ভরে।

মিথ্যা আমায় কেন শরম দিলে
চোখের চাওয়া নীরব তিরস্কারে!
আছে আমার নতুন-ছাওয়া ঘর
পাড়ার পরে পদ্মদিঘির ধারে।
কুটিরতলে দিবস হলে গত
জ্বলে প্রদীপ ধ্রুবতারার মতো,
আমি কারো চাই নে কোনো দান
কাঙালবেশে কোনো ঘরের দ্বারে।
মিথ্যা আমায় কেন শরম দিলে
চোখের চাওয়া নীরব তিরস্কারে!

ڈپٹ

کیوں تم نے بے وجہ مجھے شرمندہ کیا؟
آنکھوں کی خاموش ڈپٹ سے
تمہارے محلّے کے آگے سے ہو کر ___ مَیں تو اپنے گھر جاتا تھا
تالاب کنارے چمپا کے دو پیڑ جہاں ___ چھاؤں کرتے ہیں
جامن کی شاخوں سے جہاں اندھیرا... ہو جاتا ہے کنول تالاب کے اُوپر
کیوں تم نے بے وجہ مجھے شرمندہ کیا؟

آج تو مَیں، میلے کپڑوں میں
آنکھ جھُکائے گیا نہیں تھا، گھر پہ تمہارے
نہ دروازے پر دستک دی،
نہ بِھکشا مانگی... کاسہ لے کر ہاتھوں میں
اپنی راہ جاتے جاتے مَیں
تمہارے گھر کے دروازے کے باہر
ہرے بھرے ''تامل'' کے پیڑ تلے
تھوڑی دیر رُکا تھا ___
ہاتھ جوڑ کے آنکھ جھُکائے، گیا نہیں تھا گھر پہ تمہارے!

مَیں نے تمہاری پھلواڑی سے توڑا نہیں
پھُولوں کا گُچھا ___ نہ ہی بھُوک کے مارے کوئی پھل توڑا ہے

مَیں تو یہیں رستے کے پار کھڑا ہُوں، جہاں
آ سکتا ہے کوئی بھی سُستانے کو ___
اس پیڑ سے چھاؤں لی ہے بس ___ اور تازہ گھاس نے جگہ دی ہے
مَیں نے تمہاری پھلواڑی سے، ___ توڑا نہیں پھُولوں کا گُچھا ___

مانتا ہوں میں لمبی راہ چل کر آیا ہُوں
پاؤں میں کیچڑ لگا ہُوا تھا، جس میں چل کر آیا تھا
اور اچانک ٹوٹ کے آئے بادل، برس پڑے ___

تیز ہوا نے ہلچل کر دی ___
بانسوں کی ڈالی ڈالی پر ناچ رہی تھی
گھنگھور گھٹائیں دوڑ گئیں سارے آکاش پر،
رَن سے بھاگے، پھٹے ہوئے جھنڈوں کی طرح ___
مانتا ہوں میں لمبی راہ چل کر آیا ہُوں
پاؤں میں کیچڑ لگا ہُوا تھا، جس میں چل کر آیا تھا
کیسے جانتا مَیں، تم نے ___ کیا سوچ لیا تھا، مجھ کو لے کر...

کس کے لئے بیٹھی تھیں اکیلی کھڑکی پر، اور بال کھلے تھے ___
آنکھوں میں چمک تھی، ـــں پہ بجلی چمک رہی تھی
جان سکو، یا دیکھ سکو گی تم، کس کونے میں کھڑا ہُوا ہوں مَیں
کیسے جانتا مَیں، تم نے ___ کیا سوچ لیا تھا، مجھ کو لے کر

جانتا ہُوں مَیں، آج کا دن تو ختم ہُوا
اور اب تک آکاش بھرا ہے بادلوں سے
ٹھہر گئی ہے ہوا جنگل میں
اور بارش بھی تھمنے لگی ہے
چھاؤں تمہاری چھوڑ رہا ہوں
لے لو اپنی جگہ جہاں پر رُکا ہُوا تھا
شام ہوئی دروازے اپنے بند کر لو
جانتا ہُوں مَیں، آج کا دن تو ختم ہُوا
اور اب تک آکاش بھرا ہے بادلوں سے

155 کیوں تم نے بے وجہ مجھے شرمندہ کیا؟
آنکھوں کی خاموش ڈپٹ سے!

میرا بھی کھپریل کا گھر ہے
پار محلّے کے ہے کنول تالاب کنارے
میری کُٹیا میں جب ڈوبتا ہے دن،
دیپک جل اُٹھتا ہے دُھرُو تارے کی طرح
دان نہیں چاہیئے مجھ کو،
مَیں کھڑا رہُوں دروازے پر

کیوں تم نے بے وجہ مجھے شرمندہ کیا؟
آنکھوں کی خاموش ڈپٹ سے!

SCOLDING

Why do you put me
to shame with a look?
I have not come as a beggar.
Only for a passing hour
I stood at the end
of your courtyard
outside the garden hedge.
Why do you put me
to shame with a look?

Not a rose did
I gather from your garden,
not a fruit did I pluck.

I humbly took my shelter
under the wayside shade
where every strange
traveller may stand.
Not a rose did I pluck.

Yes, my feet were tired,
and the shower of rain came down.

The winds cried out
among the swaying bamboo branches.
The clouds ran across the sky
as though in the flight from defeat.
My feet were tired.

I know not what you thought of me
or for whom you were waiting at your door.
Flashes of lightning dazzled

your watching eyes.
How could I know that
you could see me
where I stood in the dark?
I know not what you thought of me.

The day is ended,
and the rain has ceased for a moment.
I leave the shadow of the tree
at the end of your garden
and this seat on the grass.
It has darkened;
shut your door;
I go my way.
The day is ended.

সখী

তোমার গোপন কথাটি, সখী, রেখো না মনে।
শুধু আমায়, বোলো আমায় গোপনে ॥
ওগো ধীরমধুরহাসিনী, বোলো ধীরমধুর ভাষে –
আমি কানে না শুনিব গো, শুনিব প্রাণের শ্রবণে ॥
যবে গভীর যামিনী, যবে নীরব মেদিনী,
যবে সুপ্তিমগন বিহগনীড় কুসুমকাননে,
বোলো অশ্রুজড়িত কণ্ঠে, বোলো কম্পিত স্মিত হাসে –
বোলো মধুরবেদনবিধুর হৃদয়ে শরমনমিত নয়নে ॥

سکھی

تم اپنے دل میں پوشیدہ نہ رکھّو راز اپنا، میری سکھی
مجھے اور صرف مجھ سے کہہ دو چُپکے سے
مُسکراتی ہو جو اتنے دھیمے سے تم، دھیمے سے سرگوشی کر دو
مَیں کانوں سے نہیں، دل سے سُنوں گا

رات گہری ہو چکی ہے، اور جہاں خاموش ہے
نیند میں لپٹے ہوئے ہیں پنچھیوں کے گھونسلے
اَشکوں سے رُندھے گلے سے، کپکپاتی____
سی ہنسی سے کہہ دو تم
میٹھے بوجھل دَرد دل سے،
شرم سے بوجھل جھکی آنکھوں سے،____
کہہ دو!!

UNTITLED

Do not keep to yourself
the secret of your heart,
my friend.
Say it to me,
only to me, in secret.
You who smile so gently,
softly whisper,
my heart will hear it,
not my ears.

The night is deep,
the house is silent,
the birds' nests are shrouded with sleep.
Speak to me through hesitating tears,
through faltering smiles,
through sweet shame and pain,
the secret of your heart!

দুরাকাঙ্ক্ষা

কেন নিবে গেল বাতি?
আমি অধিক যতনে ঢেকেছিনু তারে
জাগিয়া বাসররাতি,
তাই নিবে গেল বাতি।

কেন ঝরে গেল ফুল?
আমি বক্ষে চাপিয়া ধরেছিনু তারে
চিন্তিত ভয়াকুল,
তাই ঝরে গেল ফুল।

কেন মরে গেল নদী?
আমি বাঁধ বাঁধি তারে চাহি ধরিবারে
পাইবারে নিরবধি,
তাই মরে গেল নদী।

কেন ছিঁড়ে গেল তার?
আমি অধিক আবেগে প্রাণপণ বলে
দিয়েছিনু ঝংকার,
তাই ছিঁড়ে গেল তার।

کارن

بجھ گیا تھا کیوں دِیا ___ ؟
کچھ زیادہ ہی بچایا تھا ملن کی رات مَیں نے جاگ کر،
اِس لئے وہ بُجھ گیا

کُمہلا گیا تھا پھول کیوں ؟
پیار کی بے چینیوں میں اُس کو سینے میں دبار کھّا تھا مَیں نے
163 اِس لئے کُمہلا گیا!

کس لئے سُوکھی ندی ؟
'بندھ' باندھا تھا ضرورت کے لئے اُس پر،
ہمیشہ کے لئے رکھ لُوں
اِس لئے سُوکھی ندی!

تار چٹخا ساز کا کیوں؟
اُس کی حد سے کچھ زیادہ کھِنچ گیا تھا سُر لگانے میں!
تار چٹخا اِس لئے!!

AMBITIONS

Why did the lamp go out?
I shaded it with my cloak
to save it from the wind,
that is why the lamp went out.

Why did the flower fade?
I pressed it to my heart
with anxious love,
that is why the flower faded.

Why did the stream dry up?
I put a dam across it
to have it for my use,
that is why the stream dried up.

Why did the harp-string break?
I tried to force a note
that was beyond its power,
that is why the harp-string is broken.

সংকোচ

যদি বারণ কর, তবে
গাহিব না।
যদি শরম লাগে, মুখে
চাহিব না।
যদি বিরলে মালা গাঁথা
সহসা পায় বাধা,
তোমার ফুলবনে
যাইব না।
যদি বারণ কর, তবে
গাহিব না।

যদি থমকি থেমে যাও
পথমাঝে
আমি চমকি চলে যাব
আন কাজে।
যদি তোমার নদীকূলে
ভুলিয়া ঢেউ তুলে,
আমার তরীখানি
বাহিব না।
যদি বারণ কর, তবে
গাহিব না।

سنکوچ

منع کرتی ہو تو مَیں ،
اب نہ گاؤں گا____
تمہیں گر شرم آتی ہے!
تو مَیں نظریں ہٹا لیتا ہوں چہرے سے
اگر مالا پرونے میں ، مری آہٹ سے ،
ہوتی ہے تمہیں اُلجھن
تمہارے باغ سے کترا کے گذروں گا

منع کرتی ہو تو مَیں ،____ اب نہ گاؤں گا
اگر تم چونک کر تھم جاتی ہو راہ میں
نکل جاؤں گا مَیں بھی راہ بدل کر
اگر بھولے سے لہرے اُٹھ گئیں
تمہارے گھاٹ کی جانب
مَیں کشتی نہ چلاؤں گا
منع کرتی ہو تو مَیں____
اب نہ گاؤں گا!

HESITATION

If you would have it so,
I will end my singing.
If it sets your heart aflutter,
I will take away
my eyes from your face.
If it suddenly startles you
in your walk,
I will step aside
and take another path.
If it confuses
you in your flower-weaving,
I will shun your lonely garden.
If it makes the water
wanton and wild,
I will not row my boat
by your bank.

ABOUT THE AUTHORS

Rabindranath Tagore is one of India's most well-known poets and litterateurs and arguably the finest Bengali poet ever. He reshaped Bengali literature and music, as well as Indian art, in the nineteenth and early twentieth centuries. Author of *Gitanjali,* numerous plays, collections of poetry, stories and novels, he became the first non-European to win the Nobel Prize in Literature in 1913.

Gulzar is arguably India's most well-known poet writing in Hindustani today. An acclaimed film-maker, lyricist and author, he is the recipient of a number of Filmfare and National Awards, the Oscar for Best Lyricist and the Dadasaheb Phalke Award.

30 Years *of*

HarperCollins *Publishers* India

At HarperCollins, we believe in telling the best stories and finding the widest possible readership for our books in every format possible. We started publishing 30 years ago; a great deal has changed since then, but what has remained constant is the passion with which our authors write their books, the love with which readers receive them, and the sheer joy and excitement that we as publishers feel in being a part of the publishing process.

Over the years, we've had the pleasure of publishing some of the finest writing from the subcontinent and around the world, and some of the biggest bestsellers in India's publishing history. Our books and authors have won a phenomenal range of awards, and we ourselves have been named Publisher of the Year the greatest number of times. But nothing has meant more to us than the fact that millions of people have read the books we published, and somewhere, a book of ours might have made a difference.

As we step into our fourth decade, we go back to that one word – a word which has been a driving force for us all these years.

Read.